JACK EL DESTRIPADOR Y OTROS ASESINOS EN SERIE

Ariadna Bielba

Copyright © EDIMAT LIBROS, S. A.
C/ Primavera, 35
Polígono Industrial El Malvar
28500 Arganda del Rey
MADRID-ESPAÑA
www.edimat.es

ISBN: 978-84-9764-851-6
Depósito legal: M-15909-2007

Título: Jack el Destripador y otros asesinos en serie
Autor: Ariadna Bielba
Diseño de cubierta: Luis Alonso
Impreso en: COFÁS

IMPRESO EN ESPAÑA – *PRINTED IN SPAIN*

INTRODUCCIÓN

El fenómeno de los asesinos en serie fascina desde que se acuñó tal término, si bien sólo fue una manera de dar nombre a algo con lo que la humanidad ha tenido que convivir desde sus principios, una lacra de nuestra especie de la que, lamentablemente, no podemos deshacernos.

El psicópata existe desde siempre y no hay cura para estas patologías tan extrañas y, al mismo tiempo, tan familiares. Porque psicópata puede ser cualquiera.

No se alarme el lector, pues, como siempre en esta vida, todo se reduce a la terminología que se usa y a su conocimiento exacto. De este modo, esta afirmación es muy cierta. De hecho, y de nuevo que no cunda el pánico, todos conocemos psicópatas.

Dicho término se ha relacionado siempre con asesinos violentos, cuyos actos, por su espectacularidad y escabrosidad, han puesto los pelos de punta a la humanidad. Pero el psicópata es extraño que cruce esa línea entre el delito y la legalidad. Psicópata puede ser nuestro jefe, el vecino, el conductor de autobús... Y es una patología difícil de detectar y de tratar, pero en el 99 por ciento de los casos pueden llevar una vida completamente normal y ser sociables, controlar sus impulsos.

El problema reside en el uno por ciento restante, los que cruzan esa línea. Una vez atravesada, es casi imposible conseguir volver atrás.

Y el psicópata violento es la representación de lo peor de la humanidad, sobre todo porque su falta de remordimientos, de empatía con los demás, le impide arrepentirse y detenerse. La espiral de violencia no se detendrá hasta que muera o sea apresado.

A ese terrorífico uno por ciento está dedicada esta obra, a esos monstruos antiguos y modernos que han llevado la crueldad humana a cotas que cualquier cuerdo jamás llegaría a imaginar.

Para aclarar las motivaciones, mentalidad y metodología de los asesinos más famosos de la historia tenemos el primer capítulo de este libro, un exhaustivo informe de las mejores y más interesantes investigaciones científicas de la criminología, un detallado estudio de la mente del asesino. Psicólogos, psiquiatras y criminólogos aún se estrujan las meninges para intentar comprender los execrables actos de estos hombres y mujeres sin piedad. Muchos de los hechos son reveladores, pero los expertos aun confiesan tener lagunas que tardarán en despejar. O quizá jamás lo consigamos.

Cuando uno lee con detenimiento el caso de Jack *el Destripador*, quizá el más famoso de la historia de la criminología, aún tiembla al pensar de qué mente surgió tan terrible ensañamiento con las víctimas, cómo alguien pudo cometer esas atrocidades, en qué cabeza se gestan y por qué esas necesidades de asesinar a sus semejantes de tal manera.

Aquí podremos leer todas las teorías que durante más de un siglo se han elaborado del caso del primer asesino en serie moderno, el que inauguró la criminología como ciencia de estudio del comportamiento delictivo, una doctrina que hoy en día se ha instalado necesariamente en nuestra sociedad.

Pero descubriremos en los otros capítulos que el pérfido y escurridizo Jack no fue ni el más cruel ni, por supuesto, el primero de su especie. Una serie de circunstancias especiales le llevó al primer puesto del más macabro de los ránkings, pero sus predecesores y sucesores desde luego no le han ido a la zaga.

Desde que el hombre es hombre ha existido algo en nuestras cabezas (actualmente se habla del gen del asesino nato, el XYY) que nos ha hecho capaces de cometer los más bellos actos de bondad y, al mismo tiempo, los más abyectos que nadie pudiera concebir. Muchos se han ocultado en su momento en sociedades en que los medios de comunicación y la ciencia no existían para darles notoriedad o prestarles atención, muchos tras las máscaras de nobles privilegiados que no rendían cuenta a nadie, otros tras actos de guerra que supuestamente justificaban las atrocidades cometidas en nombre de una bandera o un rey.

Pero con la Revolución Industrial, los núcleos de población se urbanizaron, y con esa nueva sociedad surgió un depredador que ahora no pasaba siempre inadvertido.

Tras *el Destripador*, y con el auge de la psicología, se empezaron a encontrar a estos sujetos que antes eran casi invisibles, se les pudo estudiar y empezar a entender.

El problema es que aún nadie sabe cómo detenerlos, si ello es realmente posible.

Antes eran ajusticiados por sus terribles crímenes, que van de la violación al canibalismo o la necrofilia, pero hoy en día son valiosos especímenes de estudio, pues en ellos los investigadores pueden encontrar la clave que convierte agradables padres de familia o jóvenes con un brillante futuro en monstruos capaces de todo por saciar sus ansias de matar.

Nombres como el citado *Destripador*, Ted Bundy, Ed Gein, Vlad *el Empalador*, el estrangulador de Boston o Charles Manson son, en el mundo real, lo que era «el hombre del saco» en el mundo irreal de la infancia, aquel ser que daba tanto miedo, capaz de cualquier cosa para alcanzarnos y hacernos daño donde más nos podía doler, sacar nuestros más profundos miedos y sólo poder quedarnos quietos y gritar, gritar, gritar...

Como siempre nos pasa a los seres humanos, lo diferente nos asusta y nos excita a partes iguales. Como siempre, algunos han intentado imitar a estos monstruos en busca de macabra notoriedad. Como siempre, nos fascina aquello que no podemos llegar a entender pero que podemos intuir.

No olvidemos que estamos rodeados de psicópatas.

Felices sueños.

CAPÍTULO PRIMERO

ACERCÁNDONOS A LOS ASESINOS

Asesinos los ha habido desde que el mundo es mundo. Desde el principio de los tiempos, determinados individuos han encontrado en la muerte un placer inexplicable que les ha empujado a cometer un crimen tras otro. Algunos entendidos creen que el primer asesino en serie fue Caín, aunque la Biblia no explica si antes o después de ajusticiar a su hermano causó otras muertes. Sin embargo, y como se verá a lo largo de este libro, se cree que la imagen de este psicópata, tal y como se le conoce hoy en día, se remonta tan sólo hasta hace 125 años y es un fruto específico de la urbanización de los núcleos urbanos.

Hasta hace unos siglos, el comportamiento de los asesinos en serie era un enigma para sus contemporáneos. En cambio ahora, con el auge de la psicología, cada vez tenemos más información sobre este anómalo comportamiento que tanto daño puede causar. De todos modos, aún quedan muchos secretos por resolver. ¿Por qué alguien siente placer causando dolor? Ésa es la pregunta del millón que ningún psicólogo puede resolver con total certeza. Sin embargo, en este capítulo nos acercaremos todo lo posible a este fenómeno. Aportaremos exhaustiva información recopilada hasta el momento por estos seres que fascinan y repugnan de igual modo a los psicólogos y psiquiatras de todo el mundo.

Para ello, primero será necesario conocer qué se entiende exactamente por asesino en serie. Después, comprenderemos que no todos los psicópatas o sociópatas llegan al asesinato. Muchos tienen esa conducta pero nunca llegan a cometer el crimen sangriento, quizá sólo torturan psicológicamente a sus víctimas de formas cruelmente refinadas. Dada la alta proporción de estos casos, es más que posible que todos nos hayamos topado con alguno de ellos en alguna ocasión.

¿Qué es un asesino en serie?

Por definición, nos encontramos delante de alguien que asesina por placer y lo hace en más de una ocasión. Además, las muertes suelen ser extremadamente crueles. En muchos casos, el grado de crueldad se incrementa con la repetición.

Estos individuos suelen considerarse inteligentes, por lo que disfrutan engañando a la policía y a sus amigos y conocidos. Carecen, como se verá más adelante, de remordimientos y de empatía con el sufrimiento ajeno, por lo que sólo buscan su placer y justifican sus acciones. En algunas ocasiones, establecen macabras relaciones con sus perseguidores. Dejan, por ejemplo, mensajes en sus víctimas. Pero este no es un patrón de conducta que siempre se repita. Los hay, también, que cometen crímenes completamente diferentes en cada ocasión, lo que dificulta la labor de la policía, que es incapaz de identificar a un solo autor como responsable de las muertes.

Recientemente, en Valencia tuvo lugar un simposio sobre psicópatas, asesinos en serie y conducta antisocial. En el mismo, Steven A. Egger, primer autor de una tesis doctoral sobre *serial killers* y profesor de Justicia Criminal en la Universidad de Illinois (EE.UU.) definió los asesinatos en serie como: «La obra de uno o más individuos que cometen un segundo y posterior asesinato, sin que haya relación anterior entre víctima y agresor. Los asesinatos posteriores ocurren en diferentes momentos y no tienen relación aparente con el asesinato inicial, y suelen ser cometidos en una localización geográfica distinta. Además, el motivo del crimen no es el lucro, sino el deseo de ejercer control o dominación sobre sus víctimas».

Todo ello los ha convertido en el peor enemigo de la policía. Sus actos desconcertantes pueden repetirse a lo largo del tiempo sin que los representantes del orden puedan tener la más remota idea de quién es el causante de tanto horror.

En este sentido, se diferencian de los llamados asesinos de masas. Estos cometen una carnicería una vez en la vida. Son los tipos que salen en las noticias porque un buen día entraron en una hamburguesería y la emprendieron a tiros con todos los que allí estaban. Este tipo de asesino suele buscar la notoriedad y no pretende sobrevivir a sus crímenes. Muchos, al sentirse acorralados, se suicidan. Otros provocan su muerte al resistirse a las fuerzas de la autoridad. Causan muchas víctimas, pero en un momento concreto. En cambio, el asesino en serie prefiere matar en la intimidad y repetir su patrón de conducta tantas veces le plazca. No quiere morir, vive para matar.

Últimamente los criminólogos han añadido un tercer tipo de asesino que tiene parte de los dos anteriormente descritos. En inglés ha recibido el nombre de *spree killer* y en español ha sido traducido como «asesino arbitrario», aunque aún está por ver si ésta será la nomenclatura definitiva. El asesino arbitrario es muy parecido al asesino en serie, pero su cadencia es más rápida, sus crímenes no se espacian tanto en el tiempo. Emplea indistintamente armas blancas o armas de fuego. En algunos casos puede tener cómplices y también puede llegar a solicitar dinero para acabar con su vorágine de terror y sangre.

Tipos de asesinos

A partir de los años 80 del pasado siglo xx, en Estados Unidos aumentaron los casos de los asesinos en serie. Según las estadísticas, entre 1986 y 1990, el número se incrementó en 20.000, y 5.000 de esos casos siguen hoy en día sin resolver.

Este macabro escenario provocó que el FBI empezara a estudiar el tema. En esa época se acuñó el nombre de «asesinos en serie» (*serial killers* en inglés). El autor de este término fue el ex agente del FBI. Robert Ressler que lo utilizó para referirse al asesino David Berkowitz en una investigación llevada a cabo en 1970. «Necesitábamos una terminología que no estuviera basada en la jerga psiquiátrica para definir a los diferentes tipos de delincuentes y que los agentes de policía y de otras fuerzas de seguridad lo entendieran. De nada sirve decirle a un agente que lo que está buscando es una personalidad psicótica si ese agente no tiene formación en psicología. Necesitábamos términos que ellos pudieran entender y que eso les ayudara en su búsqueda de asesinos, violadores y otros criminales violentos. En vez de decir que una escena del crimen mostraba pruebas de una personalidad psicopática empezamos a decir al agente que la escena del crimen estaba "organizada" y ello significa que es posible que el delincuente sea un psicópata. Mientras que si se dice que es desorganizado significaba que tenía algún otro tipo de desorden mental», explicó Ressler, que entonces trabajaba en la Unidad de Ciencias del Comportamiento del FBI. Este profesional ha publicado diferentes libros sobre psicópatas y también ha ejercido de asesor en películas como *El silencio de los corderos*.

Entre 1979 y 1983 la situación era preocupante en el FBI. Cada vez eran más los crímenes cometidos por estos psicópatas y su comportamiento era impredecible para los agentes del orden. Por ello, iniciaron una exhaustiva investigación psicológica que les permitió preparar una clasificación y encontrar pistas que hasta el momento no habían contemplado. Para llevar a cabo este estudio, entrevistaron a 36 asesinos en serie. La conclusión final fue que la mayoría eran blancos, de una edad que rondaba los veinticinco años y habían asesinado a más de tres personas. Sus víctimas eran principalmente mujeres y normalmente eran encontradas desnudas y en muchas ocasiones con indicios de abuso sexual. Según los psicólogos, los asesinos en serie buscan demostrar su poder sobre la víctima a la vez que satisfacen sus perversiones sexuales.

A partir de esta definición inicial, se pudieron observar comportamientos semejantes. No es que todos los psicópatas tengan el mismo patrón de conducta, pero hay varios grupos y cuando se identifica a cuál pertenece el asesino en cuestión, es más fácil predecir sus próximas acciones.

El lugar del crimen

Las clasificaciones de los asesinos en serie fueron publicadas por James Deburger en 1980 y después revisadas por este autor y por Ronald M. Holmes en 1996. Una de ellas utilizaba como parámetro el escenario del crimen. Dependiendo de la zona elegida por el psicópata para cometer sus fechorías pertenecía a uno u otro grupo. A continuación hablaremos de los tres principales.

Asesinos en serie viajeros

Son los que se trasladan miles de kilómetros para cometer un asesinato. A veces, esos viajes se deben a su trabajo. Lejos de casa, se sienten más libres para dar rienda suelta a sus impulsos. Por una parte, éstos son difíciles de encontrar, puesto que si no tiene un sello especial, es muy complicado llegar a la conclusión de que los crímenes han sido cometidos por una misma persona. Sin embargo, si se llega a esa conclusión, resulta más fácil localizarlos, puesto que se pueden comprobar los desplazamientos de los sospechosos para averiguar si coinciden con los crímenes cometidos. A veces, también avanzan en una dirección, es decir, hacen un recorrido concreto y van dejando un reguero de sangre a sus espaldas.

Asesinos en serie locales

Por decirlo de algún modo, estos criminales tienen un coto de caza bastante amplio. Puede tratarse de una región o de un Estado. A través de él se mueven, pero normalmente, según ha demostrado la experiencia empírica de los investigadores, las zonas escogidas para perpetrar sus crímenes suelen estar alejadas de su lugar de residencia. De este modo, pueden trasladarse con rapidez a otra parte de la región y volver a su casa sin levantar sospechas.

Con estos pasa, en cierto modo, como con los anteriores. Si se tiene evidencia de sus desplazamientos es posible dar con ellos.

Aunque no es tan habitual, también pueden secuestrar a sus víctimas y luego llevarlas a su vivienda.

Asesinos en serie de un lugar específico

Estos psicópatas llevan una vida normal en su comunidad. O al menos así lo creen todos los que los conocen. Sin embargo, su existencia es todo menos normal. En estos casos, suelen utilizar su propio domicilio para perpetrar sus crímenes. Además, en algunas ocasiones, les gusta conservar restos de sus víctimas. Son los célebres asesinos que conservan, por ejemplo, órganos de muertos en el congelador de su casa o cadáveres en el sótano de su hogar.

Buscan un escenario en el que sentirse a gusto y además, les gusta convivir con el horror que han creado. Lo que más sorprende siempre en estos casos es que no levantan sospechas. Llegan a ser, en muchos casos, vecinos ejemplares de sus comunidades. Por ello, en muchas ocasiones, eligen víctimas de fuera de su entorno y luego las llevan a su casa. De esta forma, pueden seguir llevando su doble vida durante años.

El móvil del asesinato

Otra de las categorías que Holmes y Deburger emplean para clasificar a los asesinos es el análisis de la razón por la que matan. Normalmente, éstas se averiguan una vez han sido capturados en las posteriores entrevistas que mantienen con ellos. Sin embargo, en algunos casos, su *modus operandi* puede servir para intuir las razones que les empelen al asesinato. La siguiente clasificación explica el perfil de los diferentes asesinos.

El perfil del visionario

Asesina porque unas voces en su interior o unas visiones le obligan a matar. En muchos casos, se debe a cuadros agudos de esquizofrenia. Este tipo de asesino es capaz de separar perfectamente su vida habitual de sus crímenes, puesto que no se siente en absoluto responsable de ellos. Es como si entrara en trance y cometiera horribles fechorías, pero después despierta y puede volver a su día a día sin ningún problema. Normalmente, estas voces, una vez ha matado, se manifiestan con más reiteración. A veces intenta resistirse a ellas, pero habitualmente acaba sucumbiendo.

El asesino que sigue una misión

Éste también es un caso muy típico. El criminal siente que debe hacer algo por la sociedad. En el caso de Jack *el*

Destripador podría ser limpiar la ciudad de prostitutas. Normalmente, decide que un colectivo ha de desaparecer y cree que esa misión es loable. Está convencido de que el fin justifica los medios y que sus víctimas merecen la muerte. Asimismo, cree que está haciendo un buen servicio social, lo que hace que su autoestima crezca. En muchas ocasiones, el grupo que ataca puede haber provocado un trauma en su infancia, aunque no es condición imprescindible que esto haya ocurrido.

En este conjunto, también podrían situarse los asesinos satánicos, que creen estar siguiendo el ritual de una religión. Ellos se creen en la obligación de matar para conseguir una alta recompensa.

El asesino hedonista

Mata por placer. Le gustan los retos nuevos, las cosas que nunca ha probado, por lo que suele innovar en cada asesinato. En cierta forma está «enganchado» al asesinato, porque le procura placer y siempre quiere más. Este tipo de asesino suele ser el más cruel, puesto que alarga la agonía de la víctima para disfrutar durante más tiempo. Con el tiempo suelen convertir el asesinato en una ceremonia.

El asesino lujurioso

Estos son los asesinos sexuales. Sienten placer sexual con la muerte. Muchas veces violan a sus víctimas, vivas o muertas, o suelen cometer actos vejatorios con sus restos. La excitación sexual se alarga con la agonía de la víctima por lo que al igual que los del anterior grupo, torturan sin piedad hasta causar una muerte lenta y dolorosa. Normalmente, ésa es la única forma que tienen de disfrutar y son incapaces de tener una sexualidad normal.

Las pruebas o el rastro vital

Los indicios o pruebas, así como los análisis forenses brindan información de vital importancia para la policía. La Unidad de Ciencias del Comportamiento del FBI elaboró una lista del tipo de asesino dependiendo de estas razones.

El asesino desorganizado

Todo indica que el asesinato no fue planeado sino que se debió a un impulso. En estos casos, suele haber violencia excesiva que se materializa en las múltiples mutilaciones que presenta el cadáver. La víctima es escogida al azar, por pura casualidad. No utiliza siempre el mismo instrumento, sino lo primero que tiene a mano. Estos criminales son muy difíciles de capturar, puesto que no tienen un patrón de conducta fijo. Ello hace que en muchas ocasiones y sobre todo si no actúan en un radio de acción definido, no se sospeche que es un mismo criminal el autor de todos los asesinatos.

Habitualmente, este tipo de asesinos provienen de familias conflictivas en las que no hubo ningún grado de disciplina. Es habitual que sus padres no tuvieran un empleo estable y que se dieran problemas de alcoholismo o de adicción a las drogas. Normalmente, su nivel de estudios es bajo, abandonaron la escuela a temprana edad porque su capacidad intelectual era inferior a la media.

Suelen ser personas feas o que tienen alguna tara física o mental. Se consideran inferiores al resto y tienen muchos complejos. Suelen desempeñar empleos de baja consideración social y son incapaces de llevarse bien con sus compañeros de trabajo. No pueden tener relaciones sexuales y en algunas ocasiones deben recurrir a la prostitución para satisfacer sus impulsos sexuales. En general suelen odiar a las mujeres.

En algunas ocasiones viven todavía con sus padres aunque ya tienen edad de haberse independizado. También es posible que hayan permanecido durante un tiempo en alguna institución mental. En definitiva, se consideran a sí mismos deshechos de la sociedad y combaten esa inferioridad mediante el asesinato. Su casa suele estar sucia y desordenada.

El asesino organizado

Estos asesinos planean con minuciosidad sus acciones delictivas. La víctima es seleccionada durante semanas. La siguen, observan sus hábitos y preparan el mejor modo de quitarle la vida. Tienen sus propias armas y son las que siempre emplean. No suelen mutilar excesivamente el cadáver y tienden a esconder el cuerpo siempre de la misma manera.

Provienen de una familia acomodada, o al menos que no pasó estrecheces, pero en la que había escasa disciplina. Tal vez destacaron en los estudios, pero su comportamiento desde la infancia fue conflictivo. Estaban en el lado de «los chicos malos». Suelen ser inteligentes y atractivos y pueden tener un empleo muy bien remunerado y bien considerado socialmente. Suelen ser buenos para los estudios o para la vida laboral, pero su inestabilidad les impide concluir lo que empiezan. Ello puede provocar que sean despedidos de su empleo. Acostumbran a ser personas bastante inteligentes y con gran facilidad de palabra. Este tipo de asesino suele violar a sus víctimas. Tiene un alto concepto de sí mismo y le gusta seguir con detalle la cobertura informativa de sus crímenes. En muchas ocasiones, coleccionan los recortes de sus fechorías como si se tratara de un trofeo.

El de tipología mixta

Al principio, los agentes del FBI utilizaban esta clasificación al pie de la letra. Sin embargo, con el tiempo se dieron cuenta que muchos asesinatos que parecían cometidos por dos personas diferentes habían sido perpetrados por la misma. ¿Puede ser una asesino organizado y desorganizado al mismo tiempo? Parece ser que sí, aunque no es lo más habitual.

Puede ocurrir que cuando un asesino organizado tiene algún tipo de percance y ha de actuar rápido, puede dejar huellas semejantes a las de un desorganizado. De hecho, en esas ocasiones no se regodea en su macabro ritual, sino que se quita de encima rápidamente al posible testigo.

También puede ser que un asesino organizado un día tenga un devastador impulso que le obligue a satisfacerlo inmediatamente, matando de cualquier manera al primero que pase.

Por otra parte, también hay psicópatas que empiezan sus crímenes de forma desordenada y con el tiempo acaban descubriendo el método que les gusta y se convierten en organizados.

CAPÍTULO II

EL PSICÓPATA ¿NACE O SE HACE?

Ésta es, seguramente, la pregunta más controvertida que se puede plantear a un psicólogo o psiquiatra especializado en el estudio de la materia. No hay un consenso y ninguna de las dos posturas —nace o se hace— puede aportar pruebas suficientes para legitimizar sus argumentos. La idea más extendida es una mezcla de ambas. Un psicópata tiene una tendencia, que no significa que sea una determinación genética. El modo en que el ambiente social interactúe con él será básico para que desarrolle o no ese rasgo de su personalidad.

Los últimos estudios realizados por especialistas han incidido sobre todo en el estudio genético, dejando de lado los factores sociales. En este sentido, se han estudiado con especial atención los lóbulos frontales y temporales y estructuras como la amígdala y el hipocampo. El profesor Raine realizó una serie de tomografías y resonancias magnéticas en la corteza prefrontal de diferentes asesinos en serie. Sus investigaciones demostraron que estos individuos tenían una actividad menor en la zona en comparación con los que nunca habían matado ni a una mosca.

En esa área del cerebro parece que podría controlarse el funcionamiento de estructuras cerebrales como la amígdala. Este órgano sería el responsable del control de la agresividad. Por lo tanto, los asesinos, al no tener impulsos en esa zona, serían incapaces de poner freno a su irritabilidad. Otras investigaciones han dictaminado que los asesinos tenían menor materia gris en la parte prefrontal del cerebro.

Sin embargo, casi todos los estudiosos coinciden en que estos rasgos son secundarios y que no pueden provocar que un individuo cometa un crimen sin más. En cierto modo son como un cartucho de dinamita. Es necesario que alguien encienda la mecha para que explote. Y en ese sentido es donde cobra importancia el ambiente social. Ciertos comportamientos pueden propiciar que se desencadene la psicopatía, mientras que otras situaciones pueden hacer que esos rasgos nunca lleguen a salir a flote.

Según el investigador del FBI Robert K. Ressler, los asesinos en serie suelen padecer malos tratos en la infancia. La mayoría de ellos han recibido abusos físicos o sexuales. El origen social no es determinante, en cambio sí lo es la relación con los padres. Normalmente éstos imponen a sus hijos castigos excesivos e injustos, por faltas que un día provocan su ira y otro pasan desapercibidas. Todo ello crea un ambiente inestable sin atisbo de justicia o reglas comprensibles para los pequeños. Estos niños se aíslan y empiezan a tener fantasías en las que dominan su entorno mediante la agresión. Cuando son jóvenes adultos (entre diecisiete y veinticuatro años) son incapaces de tener relaciones sexuales. Por ello, suelen refugiarse en el onanismo y su capacidad para fantasear va incrementándose.

Así empiezan a imaginar crímenes que les permiten someter a sus víctimas. Sus fantasías son cada vez más elaboradas y finalmente quieren ponerlas en práctica. Según Ressler el problema es que cuando las llevan a la realidad nunca resultan tan estimulantes como las imaginaron. Y eso hace que repitan una y otra vez.

Para acabar con este punto, es necesario recordar que la mayoría de los estudiosos convienen también en que la psicopatía no es un trastorno mental, sino un trastorno de personalidad. El problema básico es que la psicopatía suele estudiarse sólo cuando se ha cometido un crimen. Es entonces cuando resulta fácilmente detectable. Sin embargo, se diagnostican pocos casos entre la población no criminal. Ello demuestra que no es un rasgo que salte a la vista y por tanto no se trata de un trastorno mental.

Los psicópatas no sufren por su comportamiento, por lo que no serán ellos los que acudan a un especialista.

La última teoría sobre el origen de la psicopatía la ha aportado un grupo de investigación de la Universidad de Sheffield. Según han explicado los científicos británicos, los psicópatas tienen inactividad cerebral en la zona de los remordimientos.

Habitualmente, cuando mentimos, una parte del cerebro se activa y provoca el sentimiento de culpabilidad y los remordimientos. Pues en el caso de los psicópatas, este mecanismo no funciona, por lo que les resulta indiferente decir la verdad o mentir. ¿Por qué ocurre esto? Según explica el estudio, en la infancia (entre los tres y los cuatro años) los niños desarrollan paralelamente la capacidad de mentir y arrepentirse y la de establecer empatía con los demás. Si han tenido una experiencia traumática como abusos sexuales o maltratos o carencias afectivas, no desarrollan ninguna de esas dos capacidades cerebrales. Por lo tanto, no saben distinguir entre lo bueno y lo malo. El director del proyecto, Sean Spence, está convencido «que si un niño ha experimentado la violencia física, ya nunca podrá tener la sensación de empatía con los demás».

Criminales y psicópatas

Durante mucho tiempo se ha creído que casi todos los criminales eran psicópatas. Nada más lejos de la realidad. Muchos asesinos no son psicópatas y no todos los psicópatas son asesinos. Aunque también es cierto que abundan entre los asesinos. Por ejemplo, un estudio estadounidense demostró que el uno por ciento de la población era psicópata, mientras que la cifra aumentaba si la encuesta se llevaba a cabo en una prisión. Entonces, ascendía al 25 por ciento de los reclusos. Pero de todas formas, esto nos deja un 75 por ciento de criminales que no padece esta enfermedad.

Una de las características de los psicópatas es que suelen tener carreras delictivas cortas y suelen reducirse drásticamente a partir de los 35-40 años. Otro rasgo es que ven a sus víctimas como presas.

Los psicópatas, a diferencia del resto de criminales, suelen ser asesinos organizados, que planifican sus acciones y suelen utilizar ardides para ganarse la confianza de sus víctimas y pasar desapercibidos. Su comportamiento no es espontáneo, está muy estudiado.

Además, el resultado final suele ser también diferente. Sus asesinatos son crueles y fríos. Es difícil que un psicópata tan sólo dispare contra otra persona en una situación determinada. Normalmente buscará una forma de darle muerte muy rebuscada y sádica.

Otro rasgo tristemente comprobado es el de la reincidencia. Según varios estudios, una vez en libertad tras cumplir una condena no tardan más de medio año en volver a actuar. Y sus nuevos asesinatos son aún más cruentos que los anteriores.

¿Psicópatas inocentes?

Como hemos comentado ya a lo largo de este capítulo no todos los psicópatas llegan a cometer un crimen. Al tratarse de un trastorno de la personalidad, tiene unas pautas concretas que pueden desencadenar en el asesinato o no. En estos casos, pueden ejercer la violencia psicológica sobre sus víctimas. Por ejemplo, a los jefes que ejercen *mobbing* (una presión agobiante que tiene como objetivo hacer que el trabajador renuncie) sobre sus empleados se les ha llamado «psicópatas de guante blanco». Pretenden, con sus modales y su inquina continua que el asalariado abandone el trabajo para demostrar el poder que ejercen sobre él. Para ello utilizan tácticas de presión psicológica que en muchas ocasiones se saldan con una depresión por parte del acosado. Y ni en esos casos sienten el más mínimo remordimiento.

También hay psicópatas emocionales que emplean sus tácticas destructivas con su pareja hasta que consiguen destrozarla psicológicamente. Al ser extremadamente manipuladores pueden desestabilizar a cualquier persona. Además suelen escoger parejas que consideran inferiores o que ya presentan baja autoestima y cebarse en esa carencia hasta hundirla.

Estos perfiles son los que menos se han estudiado, puesto que sus acciones, al no ser tan llamativas, suelen pasar más desapercibidas. Además, en todo caso es la víctima la que sufre la agresión, pero el psicópata no experimenta el sentimiento de tener un problema que necesita tratamiento. Habitualmente, suele ser la desventurada víctima la que cree padecer algún problema psicológico y por tanto la única que acude a la consulta del psicólogo.

Las encuestas no se ponen de acuerdo a la hora de dictaminar cuántas personas con las manos limpias de sangre presentan esta conducta. La cifra oscila entre el 1 y el 5 por ciento de la población, aunque algunos estudios han llegado a elevar el guarismo hasta el 10 por ciento. Todo ello nos lleva a la conclusión de que seguramente todos hemos tenido relación en algún momento de nuestra vida con algún individuo que padeciera esta patología. En muchos casos, igual no lo hemos identificado o quizá, aun sin saberlo, hemos sido víctimas de sus juegos de manipulación y de tortura psíquica.

Para entender mejor estos comportamientos, tanto de psicópatas que llegan a cometer asesinatos como de los que ejercen violencia psicológica sobre sus víctimas, es necesario entender la conducta de estas personas.

Por ello, a continuación trataremos, uno a uno, los principales síntomas que experimentan los psicópatas y que han sido recopilados por diferentes psicólogos de todo el mundo. Un psicópata no tiene por qué tenerlos todos, en muchas ocasiones puede reunir tan sólo unos cuantos. Los especialistas han creado complejas clasificaciones dependiendo de los rasgos que ostentan, pero nosotros hemos preferido presentar únicamente estas conductas que en cualquier caso ayudan a detectar a un posible psicópata.

Ausencia de empatía

Éste es el principal rasgo que define a un psicópata, es incapaz de ponerse en la situación de otro y sentir pena o tristeza por lo que le acontece a un semejante. De hecho, no entiende los sentimientos ajenos y por tanto no se siente responsable de ellos. Sólo le importa lo que él sienta en cada momento.

Sin embargo, algunos estudiosos creen que se trata de una ausencia de empatía selectiva. Por ejemplo, un psicópata puede distinguir emociones como la ira o la rabia. De hecho, percibe estos sentimientos como una amenaza y reacciona desmesuradamente. Por lo tanto, no es incapaz de saber qué le está ocurriendo a la otra persona.

Algunos autores creen que esta insensibilidad negativa está relacionada con el mal funcionamiento de la amígdala. Sea como sea, es incapacidad de ponerse en el lugar del otro, dificulta desde la infancia las relaciones interpersonales.

El mundo de los sentimientos ajenos es una realidad que el psicópata no puede llegar a comprender. Esto provoca el aislamiento social.

Esta conducta es la que le permite llevar a cabo sus acciones despiadadas sin preguntarse en ningún momento qué siente su víctima. Y también es lo que hace que su «maldad» no tenga límites. No hay ningún freno para el maltrato físico o psicológico puesto que es completamente insensible a las emociones de la víctima.

Los psicólogos están convencidos de que este rasgo es el más difícil de modificar mediante la terapia.

No conocen el miedo

Uno de los rasgos de cualquier conducta antisocial es la falta de miedo. Normalmente, estos individuos tienen una tasa muy baja de ansiedad y suelen buscar emociones nuevas.

Las personas con ansiedad, por ejemplo, suelen rehuir las situaciones de estrés o aquéllas en que las emociones sean especialmente intensas. En cambio, el psicópata ansía sobre todo experimentar cosas excitantes, diferentes y nuevas.

De nada sirve el castigo, porque tampoco lo teme. De esta forma, aunque sea castigado por algún hecho, vuelve a repetirlo sin que haya servido de nada.

Los psicólogos creen que los niños intrépidos tienen más posibilidades de desarrollar conductas criminales en su madurez.

Por todo ello es más fácil que un psicópata cruce la frontera de la legalidad y llegue a cometer un crimen. Nada se lo impide, puesto que no le asustan las situaciones conflictivas y no teme ni la reacción de su víctima ni la actuación de las fuerzas del orden.

Sin remordimientos

Como consecuencia lógica de los comportamientos antes descritos, los psicópatas son incapaces de sentir remordimientos. La característica básica es que no sienten ninguna vergüenza en situaciones en las que personas normales sí que experimentarían esa emoción.

En algunos casos, hemos leído declaraciones de psicópatas disculpándose de sus actos. Los psicólogos están convencidos de que se trata tan sólo de un ardid más que utilizan cuando se sienten acorralados. Nunca se debe a un verdadero reconocimiento de sus terribles acciones.

Su mente es incapaz de arrepentirse de nada. Y no deja de ser lógico. Si no sienten empatía ni temor, difícilmente podrán comprender que su acción debe compungirles.

De esta forma, pueden cometer un crimen detrás de otro sin pararse a pensar en ningún momento que lo que están haciendo es deleznable. De ahí su capacidad de reincidencia. Nada de lo que les digan servirá para que comprendan que sus acciones son bochornosas. Y no es porque no entiendan las reglas de la sociedad. Saben perfectamente que están haciendo algo condenable, pero no les importa lo más mínimo.

Problemas de autoestima

Este es un punto en el que los psicólogos y psiquiatras todavía no han llegado a un acuerdo. Algunos creen que los psicópatas presentan una baja autoestima. Ello les lleva a un aislamiento y a desarrollar hostilidad hacia todos los que le rodean. De este modo, también sienten la necesidad de imponerse por la fuerza a sus semejantes.

Sin embargo, otras corrientes consideran justamente lo contrario. Los psicópatas padecen una hipertrofia de la autoestima. Es decir, tienen un concepto demasiado elevado de ellos mismos que no se corresponde con la realidad.

Ello hace que se sientan superiores a sus víctimas a las que desprecian por inferiores.

Por último, algunos estudios creen que los psicópatas suelen llevar una actitud prepotente que demuestra su alta autoestima en casi todos los aspectos de su vida. En cambio, en pequeños círculos, son capaces de demostrar sus complejos de inferioridad.

En cualquiera de los casos, casi todos los investigadores coinciden en que suelen demostrar un narcisismo exagerado. Al ser incapaces de empatizar, se centran en sus emociones y las consideran las más importantes del mundo.

Búsqueda de nuevas sensaciones

Este rasgo no es definitorio de la psicopatía. Hay muchas personas que quieren encontrar nuevas sensaciones y no por ello son psicópatas. En cambio, si esta búsqueda va unida a las características anteriores, es probable que nos hallemos ante un psicópata.

De hecho, es muy probable que la pulsión asesina salga justo de ese sentimiento. Y también ésa puede ser la razón por la que los crímenes alcanzan mayor virulencia cuando reinciden. Si primero matan, después quieren experimentar algo nuevo y entonces torturan a sus víctimas. Tienen la necesidad irrefrenable de ir siempre más allá.

Algunos científicos han encontrado una relación entre la producción de testosterona y la agresividad. Las situaciones nuevas suelen aumentar los niveles de esta hormona, por lo que se entiende perfectamente la relación entre este factor físico y esta conducta.

El psicópata necesita experimentar constantemente sensaciones nuevas. Por eso, en los casos de tortura psicológica, nunca pondrá fin al proceso. Quiere saber qué pasará si va un poco más lejos. En los asesinatos ocurre lo mismo.

Deshumanización de la víctima

Un psicópata no ve a su víctima como un ser humano. La ve simplemente como un objeto. No se sabe si esta reacción es causa o efecto de la falta de empatía. De todas formas es lógico que vayan a la par.

Si se considera que la otra persona es humana es más fácil compartir sus sentimientos y por tanto sentir empatía. Sin embargo, si se la ve como una «cosa» es mucho más difícil comprenderla y por lo tanto compadecerla.

Algunos estudiosos han señalado que este rasgo podría servir para que el psicópata escogiera a sus víctimas. Habrían, por tanto, individuos a los que considerarían personas y que tal vez despertaran un sentimiento de admiración o, como mínimo, los considerara sus iguales. En cambio, habría otras que por circunstancias desconocidas no merecerían ese estatus en su clasificación mental. De esa forma, el psicópata justificaría la acción. La víctima lo sería porque no es a sus ojos humana y porque se lo merece.

Sin embargo, hay algunos teóricos que obvian estos matices y que creen que los psicópatas llevan a cabo un proceso de clasificación con todos sus semejantes, sin hacer ningún tipo de distinción.

Distorsión de las consecuencias

Los psicópatas suelen minimizar las consecuencias perjudiciales de sus actos. Son incapaces de comprender el mal que provocan y se excusan en los beneficios que les procuran sus acciones.

Si actúan, están a solas con la víctima y no tienen ningún tipo de problema al restar importancia a las quejas de su víctima. Creen, en todo momento, que está exagerando sin justificación alguna.

Cuando hay más testigos de su comportamiento, por ejemplo en el ámbito laboral o afectivo, suelen convencer a los que han presenciado el acto o lo intuyen de que nunca han llegado a un nivel verdaderamente dañino. En muchos casos, culpan a la propia víctima y se inventan supuestos actos terribles que ésta les ha inflingido.

Socialmente, desacreditan siempre al que se queja de sus acciones. Nunca admiten su culpa y evidentemente nunca piden perdón.

En este punto, los psicólogos creen que tienen una percepción selectiva. Por una parte maximizan los beneficios de sus acciones y recuerdan todo lo bueno que han oído sobre su modo de actuar. Por otra, pasan por alto cualquier opinión que pueda empañar esa concepción.

Egocentrismo

Visto lo visto hasta ahora, es normal que el asesino sea un egocéntrico. Con la misma facilidad que desprecia los sentimientos de sus semejantes, le da una excesiva importancia a los suyos. Es excesivamente concesivo consigo mismo y está atento a todos sus estados de ánimo. Se premia continuamente, no privándose de nada que le pueda apetecer.

Ese egocentrismo en muchas ocasiones se torna una necesidad de que los demás lo adoren o reconozcan al menos sus méritos. Esto es lo que ocurre con los asesinos que, por ejemplo, ansían verse en primera plana del periódico o en los telediarios de la televisión. Disfrutan con esa popularidad que despiertan. Algunos, por ejemplo, gustan de coleccionar todos los recortes aparecidos sobre sus horrendos crímenes.

En muchas ocasiones es esa necesidad de adoración la que les conduce al asesinato. Buscan que les rindan pleitesía y lo logran a través de la violencia.

Irresponsables

Desde la niñez, el trastorno de personalidad antisocial se manifiesta por un fuerte rechazo a asumir cualquier tipo de responsabilidad. De pequeños, por ejemplo, nunca asumen sus actos, culpan a otros o descargan la elección en los adultos. Ellos no quieren responsabilizarse en ningún caso de su conducta.

Al llegar a la madurez, mantienen este comportamiento. Suelen no acudir al trabajo o no desempeñan las funciones que les corresponden. Pero siempre culpan a los demás de sus errores. En el plano sentimental, son incapaces de responder a los compromisos de la pareja o mantener adecuadamente a sus hijos.

Se sacuden cualquier ligadura social y no se sienten obligados a seguir ninguna regla que en ese momento no les apetezca. Su individualidad les hace imposible concebir su papel dentro de un tejido social.

¿Extrovertidos o introvertidos?

Ésta es una cuestión que los psicólogos todavía debaten. La imagen clásica del psicópata introvertido y tímido que ha proyectado el cine parece que no se corresponde del todo con la realidad.

Muchos estudios han encontrado una estrecha relación entre las conductas manifiestamente extrovertidas y la psicopatía. Pero también es cierto que esta relación suele darse en la adolescencia y sobre todo en los casos de psicópatas grupales, que actúan dentro de bandas callejeras.

Sin embargo, parece que tanto una introversión como una extroversión excesiva pueden señalar la presencia de problemas de trastorno de la personalidad.

Hedonismo.

La búsqueda absoluta de placer suele ser un rasgo que acompaña a los trastornos de personalidad y a la psicopatía. Suele separarse en dos conductas. Por una parte, si consiguen un estatus privilegiado suelen abusar de las prerrogativas de las que gozan. Volvemos, pues, al caso del jefe que tortura psicológicamente a sus subordinados. O, fijémonos en Nerón, quemando Roma únicamente por su propio placer.

Por otra parte, en este rasgo de carácter también destaca la búsqueda del placer, que todos los seres humanos tenemos, pero llevada a las últimas consecuencias. El psicópata quiere satisfacer inmediatamente todas sus necesidades por nimias que éstas sean o por perjudiciales que resulten para los que les rodean. El placer propio se impone sobre cualquier otra consideración y no valoran las consecuencias que su conducta pueda tener.

Impulsividad.

Normalmente, una persona impulsiva actúa demasiado deprisa, sin tomarse el tiempo necesario para reflexionar sobre sus actos. En cambio, cuando la impulsividad se vuelve patológica, el individuo planifica los planes sin contar con las consecuencias de los mismos.

Esta impulsividad suele manifestarse desde la adolescencia y suele ser uno de los rasgos que pueden indicar la presencia de un trastorno de la personalidad.

De hecho, es uno de los puntos que los especialistas han estudiado con mayor detenimiento, llegando a la conclusión de que siempre acompaña a la psicopatía.

En muchos casos, la impulsividad se puede ver acentuada por el uso de alcohol o de otras drogas. El efecto desinhibidor de esta sustancia hace que se pierda cualquier posibilidad de control y que se deje fluir sin freno la impulsividad.

Autojustificación.

Los psicópatas consideran que hay unas fuerzas externas a ellos que marcan su conducta. La culpa es siempre de las circunstancias y no de ellos. De este modo, justifican su impulsividad.

Como se ha visto en otro apartado de este capítulo, algunos atribuyen sus acciones a voces que les ordenan misiones que deben cumplir. También es posible que culpen a la sociedad de sus actos. Algunos, por ejemplo, recuerdan traumas infantiles no superados y achacan a éstos su comportamiento. De esta forma, se sacuden cualquier tipo de responsabilidad.

Se sienten incapaces de cambiar ese escenario que están seguros que les impulsa a cometer sus acciones. Creen que obedecen a razones que los demás no comprenden, pero que son tan poderosas que les obligan a actuar así.

Ellos saben que están rompiendo reglas tanto sociales como legales, pero piensan que sus motivos responden a otras justificaciones. A veces, simplemente, la justificación consiste en que ellos han cometido esa falta y tienen derecho a hacerlo porque son especiales. Por lo tanto, al justificar sus actos no tienen razones para sentir ningún tipo de remordimiento.

La inteligencia.

Éste es otro de los puntos en los que los psicólogos y psiquiatras divergen. La imagen que nos ha dado el cine es que el psicópata es una persona muy inteligente y gracias a esa mente privilegiada puede evadir el peso de la ley.

Sin embargo, algunos test destinados a medir el coeficiente intelectual demuestran que el de los psicópatas es un poco más bajo que el de las personas que no lo son. Sobre todo, suelen tener carencias en el área verbal.

Los psicólogos tampoco se atreven a asegurar que los psicópatas sean menos inteligentes que la media, pero casi todos los estudios apuntan en este sentido.

Entonces, ¿cómo es posible que consigan eludir a sus perseguidores? Según algunos estudiosos del tema, se trata de un aprendizaje. Los asesinos o los torturadores psicológicos van aprendiendo de sus errores y con el tiempo, como en cualquier otra actividad, la práctica conduce al perfeccionamiento de la técnica.

Manipulación.

Los psicópatas son extremadamente manipuladores. Emplean su inteligencia en conocer las debilidades de los que les rodean y se aprovechan de ellas. Así consiguen sus objetivos. Por ejemplo, los que abusan de niños, suelen saber perfectamente cómo ganarse su confianza. Pero no sólo eso. También suelen proyectar premeditadamente una imagen que genere confianza entre los padres de los pequeños.

Suelen ser especialmente hábiles a la hora de saber lo que tienen que hacer o decir para establecer una buena relación con su objetivo. Saben actuar para conseguir sus propósitos y sobre todo para lograr que los demás se comporten como ellos pretenden.

Esto les procura una sensación de poder y dominación y también les hace sentir superiores al resto. En el caso de los psicópatas que no llegan a cometer ningún crimen, suele ser un arma muy eficaz para torturar psicológicamente a sus víctimas. Son chantajistas emocionales profesionales y pueden pasar años sin que sean desenmascarados.

Dominación.

Los psicópatas quieren ejercer un control sobre sus víctimas. Quieren que éstas les veneren y les obedezcan. Es necesario que se sitúen en un plano inferior para que ellos puedan imponerse, sentirse superiores.

Consideran que tienen ese derecho y, si los que les rodean no les rinden tributo por las buenas, lo tendrán que hacer por las malas. No suelen ser capaces de tener relaciones de igualdad, por lo que esa pugna por imponerse puede desencadenar la agresividad, ya sea física o psicológica.

Sus fantasías van siempre en ese sentido. Tienen, en cierta forma, delirios de grandeza que necesitan exorcizar humillando a los demás.

Buscan que las víctimas estén completamente a su merced. Que cedan el control de su personalidad en sus manos para que ellos puedan hacer lo que les plazca.

El control de las circunstancias.

Enlazando con el anterior punto, nos encontramos con la necesidad de controlar todo lo que ocurre a su alrededor. Los psicópatas se sienten vivos y poderosos cuando consiguen que los acontecimientos se desarrollen como ellos han planeado.

Esta característica suele darse ya desde la infancia. La vitalidad de estos niños radica en el sentimiento de control. Por ejemplo, no disfrutan de las sorpresas. Éstas no provocan en ellos ninguna excitación. Les gustan tan sólo las cosas nuevas y sorprendentes que ellos mismos provocan, no las que les son impuestas de uno u otro modo por terceros. Estos niños, por ejemplo, quieren conseguir un regalo concreto para su cumpleaños. Lo dicen y lo repiten para salirse con la suya. Para ellos, no tiene ningún tipo de emoción abrir un presente y descubrir qué es. En esos momentos, siguiendo con el ejemplo, sienten que les están imponiendo un regalo que ellos no han pedido.

La satisfacción y la vitalidad van directamente relacionadas con el control de la situación que ostenten. Cuando más alto sea esto, más poderosos y exultantes se sentirán.

Antecedentes.

Varios psicólogos han llegado a la conclusión, tras entrevistar a múltiples asesinos en serie, que hay tres acciones que suelen cometer en su infancia y que son comunes a todos ellos. Esto no significa que si se da alguna de ellas por separado equivalga a que el sujeto será un asesino en serie. Simplemente, se trata de tres coincidencias que suelen presentar los matarifes más célebres.

—*Los Pirómanos.*

Las llamas producen en la mayoría de los psicópatas una gran estimulación sexual. Se trata de una destrucción rápida de la propiedad ajena, lo que rompe con unas reglas que no respeta. Sin embargo, esta actividad nunca es comparable con la intensidad que sienten cuando realizan un crimen. Puede ser, por ejemplo, una forma de empezar su carrera delictiva o una actividad sustitutiva cuando no pueden cometer un delito. Al no tener ningún tipo de remordimiento, resulta rápido y relativamente fácil de ejecutar. Fueron, por ejemplo, pirómanos célebres Peter Kürten, David Berkovitz y Joseph Kallinger.

—*Crueldad con los animales.*

Suele manifestarse en la niñez, cuando no son capaces de asesinar a seres humanos y se conforman con reconducir su violencia hacia los más indefensos. También pueden lastimar a alumnos de cursos inferiores. Buscan sentirse más fuertes que sus víctimas y por ello las escogen entre los grupos más vulnerables.

En la edad adulta, pueden utilizar la crueldad contra los animales en períodos en los que por alguna razón no la puedan infligir a personas. Sin embargo, éste no es un rasgo característico de todos los asesinos en serie.

Algunos demuestran un respeto hacia la vida de las mascotas muy superior que hacia la vida humana. Es el caso de Dennis Nielsen, que no quiso que su perro *Bleep* viera como le detenían, porque sentía mucha vergüenza de que el can supiera de sus actividades. El torturador, violador y asesino Christopher Wilder donó una importante cantidad de dinero a una asociación que se dedicaba a salvar a las ballenas y delfines.

—*Orinan sin control.*

Se trata de uno de los síntomas más desconocidos, dada su naturaleza íntima. Sin embargo las encuestas creen que el 60 por ciento de los criminales en serie se orinaban en sus camas durante la adolescencia. No deja de llamar la atención que incluso las personas con lesiones cerebrales y retraso logren contenerse a una edad aceptable. Por el contrario el asesino serial, siendo una persona «normal» y a veces extremadamente inteligente, no logra controlar esta situación.

De la fantasía al hecho.

El asesinato está presente en la mente del asesino desde siempre. De hecho, son este tipo de fantasías las que provocan su aislamiento. Por una parte, no puede integrarse en la realidad porque sus fantasías son diferentes a las del resto de sus compañeros. Esa alienación provoca que se sumerja cada vez más en sus ficciones mentales y dedique más tiempo a elaborarlas.

Normalmente, cuando el psicópata se decide a matar, lo hace siguiendo un ritual que ha imaginado mentalmente mil veces. Su víctima sigue las reglas de un juego que está en la cabeza de su verdugo. El asesino en serie Dennis Nilsen describió de este modo su comportamiento: «Construía otro mundo, al cual entraban hombres del mundo real, sin embargo ellos no recibían ningún daño bajo las reglas y leyes de mis sueños. Ése es pues, mi crimen». El asesino en serie no cree que haga nada malo, puesto que está llevando a cabo una fantasía que resulta lícita en su imaginario. ·

Normalmente, el asesinato suele provocar una decepción. Nunca suele ser tan gratificante como se imaginó. En algunos casos, los matarifes conservan *souvenirs* de sus crímenes para recrear nuevas fantasías con ellos. También se produce un mecanismo psicológico de sustitución. Cuando la fantasía se ha llevado a cabo, deja de ser fantasía, por lo que debe sustituirse por otra. Así empieza de nuevo el ciclo, imaginando un nuevo crimen y esperando que éste les procure la gratificación esperada.

De todos modos, una de las cosas que más interesa a los psicólogos es saber cuándo y cómo se produce el gran paso: el de la fantasía al asesinato. Como ya se ha comentado, no todos los psicópatas acaban cometiendo un crimen. Sólo algunos, pero lo cierto es que cuando empiezan, ya no pueden parar.

En este sentido, se han estudiado algunos de los factores que pueden desencadenar el crimen. Por ejemplo, algunos asesinos se emborrachaban, drogaban o ingerían valium u otras pastillas que les sumían en un confuso estado en el que mezclaban la realidad con la fantasía.

Ressler, por su parte, ha achacado la sangrienta decisión a factores estresantes. Cuando el psicópata es sometido a una situación de estrés, no aguanta la presión y como defensa se sumerge totalmente en su mundo imaginario. Ello hace que llegue el momento en que no puede distinguir entre la realidad y la ficción y por tanto se sienta capaz de llevar a cabo lo que su mente ha ideado. Por citar algunos ejemplos, Ed Gein inició su carrera delictiva tras la muerte de su madre. Ed Kemper enloqueció tras una discusión con su progenitora y empezó a asesinar. Christopher Wilder violó y mató a ocho mujeres después de que su prometida rechazara sus proposiciones matrimoniales.

De este modo, parece que suele haber un punto de inflexión en que el psicópata materializa sus elucubraciones más sangrientas. A partir de ese momento, ya es incapaz de vivir de otro modo. Por fin lleva a cabo el tipo de vida que siempre había soñado y no cejará en su espiral de muertes.

CAPÍTULO III

EN LA MENTE DEL PSICÓPATA

El investigador Joel Norris entrevistó a muchos asesinos en serie para poder conocer a fondo el proceso que les lleva a sesgar vidas ajenas. De este modo, llegó a la conclusión de que había seis etapas que se diferenciaban claramente en su mente:

Fase del áurea.

Éste es el primer momento en que todo se hace confuso. El psicópata vive con tanta lucidez sus fantasías que éstas empiezan a confundirse con la realidad. Es esclavo de su mundo imaginario y se refugia en él con tanta asiduidad que acaba creyendo que es el único que existe. De este modo, empieza a perder contacto con su entorno.

Fase de búsqueda.

El psicópata se ha decidido a asesinar y debe encontrar a su víctima. Dependiendo del tipo de criminal que sea (organizado o desorganizado) alargará esta etapa siguiendo a la posible presa o se decidirá rápidamente para satisfacer sus pulsiones asesinas lo antes posible. Algunos psicópatas, antes de empezar a matar, siguen a supuestas víctimas y se conforman con fantasear con la idea. Sin embargo, normalmente suelen acabar cediendo a sus impulsos y entran de lleno en la siguiente fase.

Fase de caza.

La víctima ya ha sido seleccionada y entonces van a por ella. En este momento pueden utilizar sus encantos para manipularla y llevarla a donde desean. También puede consistir en una serie de encuentros para ganarse su confianza. Es en cierta forma un cortejo macabro, que según el tipo de asesino puede alargarse durante meses o durar tan sólo unos segundos.

Fase de la captura.

Es cuando el asesino se despoja de su máscara y utiliza la violencia por primera vez para retener a su víctima o conducirla a donde él quiere. Éste es un punto de no retorno, ya ha mostrado sus intenciones y no puede dar marcha atrás.

Fase del asesinato.

Ésta es la culminación de todas sus fantasías, el objetivo final de las acciones anteriores. Es aquí donde pierde por entero el contacto con cualquier atisbo de realidad. Está realizando un sueño y su mente navega en su cruel mundo onírico.

Con el tiempo, suelen ir introduciendo novedades en esta fase, variaciones sobre una fórmula preconcebida que les impide caer en la monotonía.

Fase de depresión.

Tras la excitación, llega la depresión. En ningún caso, los remordimientos, pero sí cierta decepción porque todo ha acabado y porque quizá no fuera tan «fantástico» como lo imaginó. Por eso, la mayoría suele esperar cierto tiempo hasta volver a iniciar el proceso. Necesita recuperarse de ese «bajón». Y pronto lo consiguen, cuando vuelven a sumergirse en sus fantasías para soslayar la tristeza. Para huir de la decepción, como mecanismo de defensa, vuelven a reconstruir ese paraíso mental que les resulta tan reconfortante.

Según Norris: «el asesino no hace más que llevar a cabo una fantasía de carácter ritual [...] pero una vez sacrificada la víctima, la identidad que ésta tenía dentro de la fantasía del asesino se pierde. La víctima ya no representa lo que el criminal pensaba en un principio. La imagen de la novia que le rechazó, la chirriante voz de la odiada madre o la aplastante lejanía del padre ausente: todo permanece de forma vívida en la mente del asesino tras el asesinato. El crimen no borra o cambia el pasado, porque el asesino termina por odiar más. El clímax de unos momentos atrás no logra compensar estos sentimientos».

Desviación sexual

Los asesinos suelen cometer actos vejatorios de carácter sexual con sus víctimas. Las razones de los mismos han dividido a los psicólogos. Algunos creen que se trata de una forma de dominar a la víctima, de demostrar su superioridad y su poder sobre ella. Otros, en cambio, consideran que el crimen se comete por una pulsión sexual y que ésa es la única forma de satisfacer ese deseo. Lo más probable es que el asesino se mueva por estos dos impulsos a la vez.

Normalmente, hay dos tipos de asesinos sexuales: los que matan a la víctima para no ser denunciados y otros en los que el sexo es parte del macabro ritual que ha de finalizar con la muerte para conseguir la culminación de su deseo.

Los primeros, por ejemplo, no disfrutan sexualmente con el asesinato. En cambio, los segundos pueden excitarse más con éste que con la violación.

Normalmente, los del segundo grupo, en el que se sitúan los psicópatas, suelen tener fantasías sexuales muy bizarras. Por ejemplo, algunos imaginan mujeres muertas para masturbarse. De algún modo, no relacionan la sexualidad con la pareja. Algunos pueden tener relaciones normales, aunque la mayoría suele tener problemas y rara vez disfruta de la situación.

Esto puede deberse a traumas infantiles o a una educación errónea en la que el sexo siempre se presentó como algo unido al castigo.

Muchos de estos crímenes son motivados por un odio irracional hacia las mujeres. En este aspecto, los investigadores tampoco alcanzan un acuerdo. Algunos creen que la imposibilidad de tener una vida sexual normal junto a una mujer hace que las culpabilicen a ellas de su desgracia. Otros, en cambio, creen que de alguna forma están matando su lado femenino con el crimen. Y por último, los más freudianos, consideran que se debe a un conflicto no superado con la autora de sus días.

El monstruo que llevamos dentro

Hasta el momento, hemos hablado de personalidades psicópatas como un trastorno de la personalidad. Sin embargo, ¿podríamos cualquiera de nosotros convertirnos en sádicos asesinos en circunstancias extremas? La respuesta no puede ser más aterradora según el neurólogo Itzhak Fried, investigador del Brain Research Institute de la Facultad de Medicina de UCLA, en Los Ángeles. Este investigador considera que sí, que puede acontecer algo similar. Su conclusión se debe a un estudio en el que intentó saber qué ocurre en las guerras. Hombres normales matan, mutilan y torturan a sus víctimas sin ningún cargo de conciencia. En todas las guerras, este comportamiento se repite. La crueldad es el denominador común. Este comportamiento nada tiene que ver con el del soldado que se ve obligado a matar por las órdenes recibidas o por su instinto de supervivencia.

¿Qué pasa por la mente de esas personas que en otra circunstancia serían ejemplares vecinos y atentos cabezas de familia? Hasta el momento, se creía que la situación extrema de la guerra actuaba como un desinhibidor de conductas sádicas y primitivas inherentes al ser humano. Sin embargo, Itzhak Fried, en un estudio publicado en la prestigiosa revista científica *The Lancet* ha demostrado que no es así. Según Fried, estos individuos —habitualmente hombres de entre quince y cincuenta años— padecen una especie de fractura del conocimiento que se produce por un fallo en el desarrollo del neocórtex cerebral. El neurólogo ha bautizado este comportamiento como el «síndrome E».

El científico ha descrito los principales síntomas que produce el síndrome E.

Repetición de los actos violentos.

Son asesinos implacables que nunca se apiadan de sus víctimas. Necesitan acabar de forma compulsiva con la vida de todas. No dejan nunca supervivientes.

Ideología.

Suelen tener una justificación que se convierte en obsesiva. Normalmente, obedece a la necesidad de acabar con un grupo minoritario, que es el causante de todos los males sociales. Dos ejemplos muy claros los tenemos en la masacre judía por parte de los alemanes o en la limpieza étnica que querían llevar a cabo los serbios en el conflicto de los Balcanes. Estas dos características juntas resultan muy similares a los síntomas de los obsesivos-compulsivos.

Perseverancia.

Sus ideas han sido interiorizadas de tal forma que su comportamiento no varía aunque las circunstancias externas cambien.

Baja reacción afectiva.

Son asesinos fríos y sus crímenes no suelen alterarles. Tras cometer una matanza de este tipo, pueden volver a su hogar, jugar con su perro y abrazar a sus hijos. No tienen ningún cargo de conciencia por sesgar vidas humanas porque consideran que sus acciones son lícitas.

Hiperexcitación.

La repetición de actos violentos provoca frecuentemente una gran excitación. Ésta suele estar estrechamente relacionada con el calibre del crimen. En una masacre, por ejemplo, experimentarán sobreexcitación.

Sin traumas.

Durante todo el proceso apenas se aprecian cambios en su personalidad. Matan con la tranquilidad con la que otros van a comprar el pan. El lenguaje, la memoria y la capacidad para resolver problemas permanecen inalterados.

Habituación rápida.

El individuo necesita muy poco proceso de adaptación para aceptar la situación que está viviendo. Rápidamente incorpora la crueldad a su conducta habitual.

Separación.

Normalmente, están separados de su familia, con la que tienen una vida que se podría clasificar de normal. Paradójicamente quieren a los suyos pero no tienen ningún escrúpulo en asesinar a familias enteras. En ningún momento trazan paralelismos entre sus víctimas y sus seres queridos.

Dependencia del entorno.

Esta conducta aparece en una circunstancia concreta como la guerra. Siempre suele ser cuando están separados de su hábitat habitual, por lo que les es más fácil diferenciar su conducta asesina de su vida normal. Además suelen tener fuertes vínculos con sus compañeros y son muy obedientes con los altos mandos, dos situaciones que no se repetirán cuando vuelvan a casa.

Contagio en el grupo.

El entorno del grupo refuerza el síndrome y facilita su propagación. La mayoría de individuos integrantes responde de manera uniforme a los estímulos, y estas respuestas sirven a su vez de estímulo para el resto. Sin embargo, algunos pueden salvarse del contagio. Por ejemplo, en los batallones de policía alemana de la Segunda Guerra Mundial, el 80 por ciento de sus miembros se convirtieron en asesinos de mujeres y niños y sólo el 20 por ciento se negó a participar en la masacre.

¿Qué se puede hacer?

Visto lo visto, ahora conocemos mucho mejor a los psicópatas que hace unos años. Sin embargo, aún quedan muchos enigmas por resolver. No sabemos qué provoca esa enfermiza relación entre el placer y la muerte. Tampoco tenemos suficiente información para intentar corregir los comportamientos.

Un psicópata querrá siempre asesinar. No teme al castigo, por lo que esperará la próxima ocasión para volver a perpetrar un nuevo crimen. ¿Existe alguna solución? ¿Se puede conseguir que un criminal deje de serlo?

Ésta es la pregunta que se formula la psiquiatría moderna. En estos momentos, quedan algunas dudas por resolver para conocer su comportamiento, pero sobre todo desconocemos qué se puede hacer una vez han sido desenmascarados. ¿Existe cura para la psicopatía?

En el V Encuentro sobre Psicópatas y Asesinos llevado a cabo en Valencia se concluyó que los países de todo el mundo deberían tener una legislación específica para los psicópatas. No deberían poder excusarse en la locura, puesto que lo suyo es un trastorno de personalidad y en el momento que estuvieran en la calle volverían a repetir inmediatamente sus crímenes. Pero tampoco deberían ser tratados como criminales corrientes, puesto que tienen una patología. Los psicólogos y psiquiatras del congreso recomendaban que estos sujetos pudieran escoger libremente si quieren someterse a una terapia o no.

Los especialistas están de acuerdo en que estas terapias no siempre funcionan y en algunos casos, incluso, pueden resultar contraproducentes. El problema principal es la incapacidad del psicópata de aprender.

Sin embargo, se están dando grandes pasos en este sentido. El objetivo de las terapias es conseguir que a través de sus sentimientos, el psicópata pueda entender los de los que le rodean. Los psicólogos siguen intentando avanzar en esta dirección, pero quieran o no, por mucho que hayan averiguado, la mente del psicópata sigue siendo un misterio insondable.

CAPÍTULO IV

LA MISTERIOSA HISTORIA DE JACK *EL DESTRIPADOR*

En los capítulos anteriores hemos viajado a través de la mente del asesino en serie, hemos conocido el letal funcionamiento de su cerebro y hemos accedido a las investigaciones más modernas sobre el tema. Sin embargo, poco se sabía de todo esto cuando el siglo XIX tocaba a su fin. En la Inglaterra victoriana, un hombre sembró el horror en las lóbregas callejuelas de Londres y su nombre o al menos su mote se convertiría en un sinónimo del terror.

Nos referimos a Jack *el Destripador*, sin duda, el asesino más célebre de todos los tiempos. Tan sólo —si se puede decir tan sólo en estos casos— causó la muerte de cinco mujeres. Sin embargo, con él se inició el concepto «asesino en serie». Es cierto que en aquel entonces ni tan siquiera se había acuñado este término, pero sus horribles crímenes coincidieron con el auge de la psicología y por tanto sirvieron para definir una personalidad que hasta el momento no se conocía.

Como se verá en los siguientes capítulos, no fue desde luego el primero. Le precedía una larga lista de matarifes sádicos, pero Jack tuvo el don de la oportunidad. Sus crímenes coincidieron con el advenimiento de la prensa sensacionalista, que se dedicó en cuerpo y alma a relatar sus sangrientas andanzas.

Jack *el Destripador* fue el primer caso documentado que conservamos de un asesino que se convirtió en un fenómeno de masas. Con él se inició una nueva era en muchos aspectos, desde el punto de vista de la relación de los asesinos con los medios de comunicación y desde la perspectiva del análisis psicológico, que tuvo que evolucionar a marchas forzadas para dar una explicación a lo que estaba sucediendo.

Jack *el Destripador* también se convirtió en una leyenda. De hecho, en Inglaterra, era casi un deporte nacional intentar averiguar la identidad de aquel asesino que jugaba al gato y al ratón con Scotland Yard. Casi todos los personajes ilustres de la época y de las épocas venideras tuvieron su propia teoría. En cierto modo, es la pregunta que más gente se ha formulado junto a la de «¿quién mató a Kennedy?».

Teorías, como se verá al final de este capítulo, no han faltado. Y ello avivó su leyenda que ha llegado intacta a nuestros días. Seguramente, nunca podremos responder con absoluta certeza a la pregunta de quién era Jack *el Destripador* y en este libro tan sólo podremos ofrecer algunas aproximaciones. La identidad del asesino del Támesis sigue siendo un enigma.

Más adelante se tratarán con más detenimiento todos estos puntos. En este capítulo nos proponemos acercarnos a la historia de uno de los asesinos más célebres de la historia de la criminología.

El escenario

En 1888, Londres era una bulliciosa capital, la metrópolis más imponente del momento. Muchos eran los que a diario llegaban al ombligo del mundo, ávidos por hacer fortuna. Muy pocos eran los que lo conseguían. La ciudad era un espejismo para los viajeros, pero cuando se acercaban a beber de sus aguas muchos eran los que se llenaban los labios de arena. La vida en la ciudad era especialmente dura si no se tenía dinero. Los despojos de la incipiente

Revolución Industrial se apilaban en el barrio de East End, un lugar que parecía dejado de la mano de Dios. Era el paraíso de la miseria y de la desigualdad social. Mientras las arcas se llenaban en los barrios altos, el East End recogía los sueños rotos de una sociedad desigual.

Sus angostos bares eran el refugio de un proletariado sin esperanzas que alargaba la noche sumergiéndose en copas sin fin. Cada día se sucedían asesinatos sin resolver. Prostitutas perecían a manos de la mafia si no pagaban los impuestos revolucionarios que sus miembros les imponían. Hombres de todas las edades acababan heridos mortalmente en peleas callejeras sin sentido. La desesperación reinaba en aquellos callejones sin futuro y con un presente desolador.

Ser prostituta en aquella época era especialmente duro. Para los ricos quedaban los lujosos burdeles de cortesanas bellas. Por las calles de Whitechapel se paseaban las mujeres demacradas por la edad, la mala alimentación y los excesos. Sus favores se vendían baratos y apenas conseguían suficiente dinero para pagar a sus proxenetas y a las mafias que las extorsionaban.

La mayoría de ellas carecía de residencia fija. Si la noche iba bien, podrían pagar por ir a una casa donde la gente se ataba para no caer y dormían sentados, hacinados por el hedor y la desesperación.

En este panorama desolador apareció Jack *el Destripador*. Si no tenían ya suficientes problemas las prostitutas de la época, ahora se añadió el terror a morir de la peor de las maneras imaginables. Este hombre de modales educados parecía una salvación para cualquier mujer en aquellas circunstancias. Se rumoreaba que llevaba carruaje y algunos datos de la autopsia indican que invitaba a las mujeres de vida alegre a comer uvas. Estos frutos eran carísimos en la época, por lo que resultaba un lujo toparse con él. Era el caviar de la era victoriana, pero un caviar demasiado caro. Algunos datos han revelado que las uvas estaban bañadas en tintura de opio. Las desventuradas dormían para no despertar jamás. Una vez caían en el sopor, Jack podía dar rienda suelta a su crueldad. Los datos parecen indicar que cuando mutiló a sus víctimas estás ya dormían el sueño de los justos. Sin embargo, lo que hizo con sus cadáveres resulta tan horripilante que ha quedado marcado a sangre y fuego en los anales de la criminología.

Polly, la primera víctima

Mary Ann Nicholls, conocida como Polly entre los bajos fondos de Whitechapel, era una prostituta de cuarenta y dos años. Hacía once que su marido la había abandonado y apenas tenía contacto con sus cinco hijos. Sin dinero, sin amor y en la calle, pocas cosas podía hacer Polly para ganarse la vida. Así que se entregó al oficio más antiguo del mundo, malviviendo para conseguir unos exiguos beneficios que le permitieran vivir un día más.

En los sucios callejones del East End cayó en el alcoholismo (este punto no está del todo claro, porque también hay quien opina que fue el alcohol el que acabó con su matrimonio). La noche de su asesinato, Polly intentó dormir en las casas antes descritas, en las que se dormía sentado, pero no tenía suficiente dinero: necesitaba cuatro peniques para poderse sentar y echar una cabezadita y sólo llevaba dos. Así que volvió a las frías e inhóspitas calles londinenses. Deambuló por Whitechapel Road y se encontró con su amiga Emily Holland. Ambas intercambiaron unas cuantas palabras y ella siguió su angosto camino hacia la muerte.

Lo que sucedió a partir de ese momento, es un absoluto misterio. Todo parece indicar que se encontró con un caballero que la invitó a su carruaje. Le dio unas uvas y cuando estaba más confiada, sus manos se cernieron sobre su cuello. Polly murió estrangulada. Las pruebas demuestran que cuando el asesino procedió a mutilar a su víctima, ésta ya estaba muerta. La poca sangre hallada es el argumento que esgrimieron los criminólogos de Scotland Yard para apoyar su hipótesis. Se sabe también que fue golpeada brutalmente en la parte inferior de la mandíbula izquierda, por lo que se supone que el agresor era zurdo. Tal vez, cuando las manos apretaban su cuello, Polly hizo un último intento por aferrarse a la vida. El agresor, entonces, debió propinarle el brutal golpe que la dejó sin sentido y permitió que la ahogara.

El 31 de agosto de 1888, se encontró su cuerpo sin vida en el callejón de Buck's Row. Aún estaba caliente, por lo que el asesino acababa de abandonar la escena del horrendo crimen. En un principio, nadie le dio importancia. Otra prostituta muerta por un amante celoso, un proxeneta furioso o un cliente que no quería pagar. Crímenes así ocurrían cada día en aquella zona y nadie lloraba aquellas muertes que se consideraban casi naturales.

Sin embargo, cuando el forense del depósito de cadáveres practicó la autopsia, no podía creer lo que estaba viendo. Era un hombre acostumbrado a ver cuerpos sin vida, insensibilizado por años de oficio. Sin embargo, aquello no se podía comparar a nada de lo que antes hubiera podido observar. Los cortes eran de una sorprendente precisión. Tenía el vientre abierto y certeras incisiones en la médula espinal, la tráquea y el esófago. No había duda de que aquél no era un asesinato corriente.

El ex marido de la víctima, William Nicholls y el padre de Polly reconocieron con bastantes dificultades el cadáver. Dos detalles llamaron la atención de la policía. La mujer llevaba un bonito sombrero negro que nadie recordaba haber visto. Muchos piensan que tal vez un cómplice de Jack se lo regalara, para que el asesino pudiera identificarla con facilidad. Además, en su mano quedaban huellas de haber llevado el anillo de casada. Seguramente, Jack se lo extrajo y se lo quedó como souvenir de su asesinato.

Sin embargo, este crimen todavía no llamó la atención sobre la figura de su asesino. Era extraño, pero no dejaba de ser un caso aislado y el barrio estaba lleno de seres extraños y casos sin resolver.

La muerte de Annie Chapman

Annie tenía cuarenta y siete años y estaba desahuciada. Padecía una terrible enfermedad pulmonar que estaba afectando ya a las membranas de su cerebro. El forense que le practicó la autopsia, el Dr. Bagster Phillips, aseguró que su hora estaba cercana. Si no se hubiera encontrado con *el Destripador*, hubiera muerto a los pocos meses.

Debían ser las cinco de la mañana cuando Annie buscaba sus últimos clientes. Carecía de residencia fija y malvivía de la caridad y la prostitución. No era, desde luego, la encarnación del deseo. Aparentaba muchos más años de los que tenía, caminaba encorvada y tenía problemas para respirar. La vida de Annie parecía salida de un relato de Charles Dickens, pero sin un final feliz. Años antes había estado casada y había tenido tres hijos. Todos habían muerto de enfermedad o accidente. La pobre mujer nunca se repuso de aquel golpe. Ahora vivía anclada en un desolador presente sin futuro. El frío del invierno londinense empeoraba cada día su enfermedad pulmonar. Pero ella seguía esperando ver un nuevo amanecer.

En mitad de la noche, apareció el último cliente, en el sentido literal de la frase. Jack salía de las tinieblas y Annie confió que tal vez aquel trabajo arreglaría la desolada noche. Fue la última persona a la que vio.

La autopsia reveló que la prostituta había sido estrangulada antes de ser mutilada, al igual que había pasado con Polly. El tono amoratado de su rostro así lo hizo creer. Si hubiera muerto desangrada, tan sólo se hubiera observado palidez en su tez.

A las 5:45 horas de la madrugada un anciano llamado John Davis, que era conductor de tranvía, se levantó para ir a trabajar y se dirigió, como hacía cada día, al patio trasero de su casa. Vivía en el número 29 de Hanbury Street. Lo que vio aquella mañana del 8 de septiembre de 1888 no lo olvidó en toda su vida. El cuerpo de Annie o lo que quedaba de él yacía inerte en aquel lugar. Según declaró después: «No soy capaz de describir lo que había cerca de ella [se refiere a sus órganos]. No examiné a la mujer. Estaba demasiado asustado por la visión horripilante».

Davis salió gritando a la calle, pidiendo ayuda. El forense del depósito de cadáveres no pudo huir corriendo como Davis. Tuvo que tomar buena nota de cada una de las heridas que presentaba el cuerpo o, al menos, lo que quedaba de él. Había abierto el abdomen de la víctima, le habían separado los intestinos y los habían enrollado por encima de uno de sus hombros. Pero la «obra» del *Destripador* no acababa ahí. También le había amputado el útero y las zonas colindantes como la parte superior de la vagina y dos terceras partes de la vejiga. Estos restos no fueron nunca encontrados, por lo que se pensó que el asesino se los quedó como recuerdo de su horrible hazaña. También se encontró rastro de un anillo que había llevado la víctima y que seguramente fue arrancado y guardado por su captor. La cabeza había sido cercenada del cuerpo y el verdugo puso un pañuelo para que se aguantara sobre los hombros.

Es como si hubiera ideado un macabro cuadro con una estética preparada, llena de sangre y vísceras.

Las cartas de Jack

A partir de ese momento, Scotland Yard empezó a considerar que tal vez un mismo asesino estaba llevando a cabo los crímenes. Eran demasiadas casualidades. Paralelamente, el escándalo estalló en la prensa. El 28 de septiembre la

Agencia Central de Prensa recibió una carta firmada por Jack *el Destripador*. El contenido de la misiva era el siguiente:

«*Querido jefe:*
No paro de oír que la policía me ha capturado, pero no me cogerán tan fácilmente. Me río cuando se las dan de listos y hablan de seguir la buena pista. Voy a por las putas y no dejaré de destriparlas hasta que me enchironen. Mi último trabajo fue genial. No le di tiempo a la dama ni a chillar. ¿Cómo piensan cogerme ahora? Me encanta mi trabajo y quiero continuar. Pronto volverán a oír de mí y de mis divertidos jueguecitos. Durante mi última faena guardé un poco de líquido rojo necesario en una botella de jengibre para escribir con él. Pero se ha espesado como el pegamento y no puedo utilizarlo. La tinta roja también funciona bien. Espero, ja, ja. En mi próximo trabajo le cortaré las orejas a la dama para divertirme ¿qué le parece? Guarde esta carta hasta que haga otra faena y entonces entréguela. Mi cuchillo es tan bonito y afilado que quiero ponerme manos a la obra ahora mismo, si puedo. Buena suerte.
Atentamente,
Jack el Destripador.
No se molesten en ponerme un mote.»

Con esta carta se inició un macabro juego entre la policía y el asesino en serie. Las misivas llegaban a los diarios y éstos las publicaban. La opinión pública quedó traumatizada por el humor negro del asesino y por la ineficacia policial.

Sin embargo, hay varias teorías al respecto de estas cartas. Algunos estudiosos de Jack *el Destripador* consideran que fueron inventadas. Dos periodistas podrían haber sido los autores de las cartas que tenían como objetivo vender más diarios.

Así mantuvieron a la opinión pública en vilo. El caso era lo suficientemente impactante para revolucionar a la población. Por una parte, estaban los espeluznantes crímenes. Por otra, el ataque directo a Scotland Yard, incapaz de dar con el autor de los crímenes. De todos modos, incluso los que creen que las cartas son falsas, consideran que una de ellas es cierta. El responsable del caso la recibió el 16 de octubre. Iba acompañada de medio riñón humano y decía:

> «*Desde el infierno:*
> *Le envío la mitad del riñón que me llevé de una mujer. Es un regalo para usted. El otro trozo lo he freído y me lo he comido. Puede que le envíe el cuchillo ensangrentado con el que se lo saqué, si espera un poco más.*
> *Atrápeme si puede.*»

Hay muchos autores que consideran que todas las cartas son ciertas, puesto que muestran el mismo estilo. *El Destripador* no sólo se regodea en sus crímenes si no que se permite hacer chistes negros sobre las muertes que causa.

En algunas cartas dice que matará dieciséis prostitutas y se retirará. En otras, explica el momento en que estuvieron a punto de descubrirle mientras mataba a una prostituta.

Sean falsas o verdaderas, las cartas crearon tal revuelto que se convirtió en un escándalo nacional. Varios factores añadieron leña a la hoguera. Por una parte el barrio en el que actuaba Jack *el Destripador* era uno de los más pobres de la urbe. Ello ponía de manifiesto las desigualdades sociales. Por otra, Scotland Yard estaba contra las cuerdas. Por una parte, la opinión pública les acusaba de desidia, de no esforzarse por resolver el caso porque se trataba de un barrio marginal. Por otra, se reían de su ineptitud por no dar con el asesino.

Tras esta carta, Whitechapel cambió radicalmente. La policía destinó agentes en todas las esquinas y los ciudadanos crearon brigadas de control. La zona desfavorecida, del día a la mañana, se había convertido en una fortificación.

Parecía que nadie pudiera burlar el control, pero una sombra en la noche siguió sembrando el terror.

Este hecho tuvo que dificultar enormemente el trabajo del asesino. Nadie sabe cómo pudo escapar del férreo control de la zona. Pero lo cierto es que con mayor o menor dificultad lo hizo.

Nota sangrienta

Pese a todas las medidas de seguridad, el miedo seguía reinando en Whitechapel. Las prostitutas sabían que sólo estaban a salvo si se quedaban en casa. Pero la mayoría de ellas ni siquiera tenía una residencia fija y no podían subsistir si no vendían cada día su cuerpo por unos pocos peniques. Por ello, Elisabeth Stride, conocida como Liz *la larga* y Catherine Eddowes salieron a la calle aquel día. Ninguna de las dos contemplaría el nuevo amanecer. El 30 de septiembre fue la gran noche de Jack: ajustició a dos cortesanas.

El caso de Liz es el que más intriga a los criminólogos. Esta prostituta de origen sueco perdió la vida, pero no sufrió el ensañamiento característico del asesino. Jack se conformó con cortarle una oreja, tal y como había anunciado en la carta presumiblemente falsa. El cuerpo apareció sin ninguna otra mutilación. Eso hace pensar que el asesino fue descubierto o tal vez la víctima gritara demasiado y tuviera miedo de que vinieran a rescatarla.

Lo cierto es que en el estómago de Liz no se encontraron las uvas bañadas en anestesia que se hallaron en el resto de desafortunadas víctimas. En cambio, en su vestido, sí que habían restos de la fruta, por lo que es probable que las vomitara o las escupiera. Ello ha hecho suponer que, al no estar inconsciente, la víctima gritó y quizá alguien acudió en su auxilio. Días después llegó una carta firmada por Jack *el Destripador* que decía: «Me han interrumpido mientras estaba con una de mis amigas». Esto valida las teorías anteriores. Sin embargo, hay quien piensa que tal vez Liz no fuera una víctima del asesino en serie y muriera a manos de algún cliente insatisfecho. También se cree que Jack *el Destripador* tenía un compinche y que tal vez éste fuera el autor de este crimen. Finalmente, no fue capaz de «acabar el trabajo» imprimiendo el sello del maestro y por ello el cadáver no presenta las mutilaciones habituales.

Liz, como sus antecesoras, tenía una vida llena de catástrofes que le había arrojado a la calle. En su Suecia natal se había casado y había tenido dos hijos. Su esposo y los niños murieron en un accidente marítimo. Liz no pudo seguir viviendo en Suecia y se mudó a Londres, donde deambuló por las calles arrastrando su dolor hasta que el asesino más célebre de la historia puso fin a su vida. Según la autopsia: «La difunta yace sobre su lado izquierdo, su cara mira hacia la pared derecha. Sus piernas han sido separadas y algunos miembros están todavía calientes. La mano derecha está abierta sobre el pecho y cubierta de sangre, y la izquierda está parcialmente cerrada sobre el suelo. El aspecto de la cara era bastante apacible, con la boca ligeramente abierta. En el cuello hay una larga incisión que comienza sobre el lado izquierdo por debajo del ángulo de la mandíbula casi en línea recta, seccionando la tráquea en dos y terminándose sobre el lado contrario».

Aquel crimen no había saciado las ansias sangrientas de Jack. El asesino buscó una nueva víctima. La noche tocaba a su fin y sentía el irrefrenable deseo de volver a matar. La desafortunada elegida fue Catherine Eddowes. Esta mujer de más de cuarenta años tuvo un final terrible para una vida tan desventurada como las de sus compañeras. A los dieciséis años había abandonado la casa de sus padres para casarse con el hombre que ella creía que era el amor de su vida. Once años antes de encontrar la muerte, se había separado de su marido, que la maltrataba constantemente. Sus tres hijos habían conseguido una posición más o menos aceptable y no querían saber nada de ella. Catherine tuvo que buscarse la vida en las gélidas calles londinenses y se refugió en el alcohol para olvidar tanto despropósito.

La misma noche de su muerte fue detenida por la policía por embriaguez. Al cabo de una hora, la soltaron. Otras teorías indican que unos días antes se fue a recoger lúpulo al condado de Kent con su amante, John Kelly. Regresó a Londres y le dijo a la policía que quería la recompensa que ofrecían por Jack *el Destripador* porque ella sabía quién era. Algunos testigos, en cambio, aseguraron que lo había dicho bromeando.

Cuando salió del calabozo, Catherine deambuló por las calles hasta que se encontró con Jack. Esta vez el asesino pudo cebarse con su víctima. Le amputó los ovarios y un riñón. Además, le hizo dos cortes en forma de «V» en las mejillas. Con la sangre de su cuerpo escribió en la pared de Mitre Square donde se halló su cuerpo: «No hay por qué culpar a los judíos». Sin embargo, no puso exactamente «judíos». En inglés se escribe *jews* y el asesino puso «juwes». Esta falta de ortografía ha dado pábulo a todo tipo de teorías. Algunos piensan que tal vez la sangre le jugó una mala pasada y que de alguna forma se corrió. Otros creen que se trata de un error, seguramente debido a que el asesino no era inglés y no conocía la ortografía. Por último, hay varias teorías que consideran que «juwes» es un término que utilizaban los masones. Otros, por el contrario, piensan que se trata de una invención y que esa palabra no tiene ningún sentido en la jerga masónica.

La bella y la bestia

El horror del doble crimen revolucionó a los habitantes de Whitechapel. Es probable que en aquellos momentos se intensificaran las medidas de seguridad y que ello provocara que el asesino se tomara un descanso.

Tras un mes sin ninguna horrenda muerte, las prostitutas recuperaron la confianza y volvieron a salir a la calle, deseando que todo aquello hubiera acabado.

Sin embargo, el 10 de noviembre volvió a la acción. El último asesinato del famoso psicópata fue el más cruento de su macabra carrera. La víctima se llamaba Mary Jane Kelly, y a diferencia de las anteriores asesinadas, era guapa y joven. Tenía veinticinco años. La joven había manifestado en más de una ocasión con sus compañeras de oficio que temía acabar en manos del asesino.

Aparte de su verdugo, la última persona que la vio con vida fue un transeúnte llamado George Hutchinson. El testigo declaró que iba acompañada de un hombre de mediana estatura, bien vestido, con un sombrero de caza y bigote rubio. Tal vez fuera el asesino o quizá el penúltimo cliente. Este punto nunca se ha podido aclarar.

Jack se tomó tiempo y acudió con ella a una habitación de un inmundo edificio que se encontraba en el número 13 de la calle Miller's Court. Ésa era la casa de la prostituta, que compartía con su amante que se había quedado sin trabajo. Para pagar el alquiler, mientras él buscaba una ocupación, vendía su cuerpo a quien tuviera dinero para comprarlo. En eso era diferente a las otras cortesanas de mayor edad, que solían vender sus favores en la calle, en cualquier esquina poco transitada. Pocas veces podían permitirse el lujo de alquilar una habitación y tampoco tenían una residencia fija.

A puerta cerrada y con toda la noche por delante, el asesino alcanzó unas cotas de crueldad increíbles. La joven prostituta no solamente fue degollada y mutilada, sino que además fue cortada con precisión de cirujano en mil pedazos que se encontraron en su habitación. Fue necesario que los médicos forenses trabajaran media jornada extra para reconstruir el macabro rompecabezas. De hecho, toda la habitación había sido decorada con los despojos de la bella cortesana. Su cuerpo fue encontrado de espaldas sobre el lecho. El asesino le había extraído el útero y los riñones. Los pechos habían sido cercenados, uno se encontraba debajo de la cabeza y el otro junto al pie derecho. El hígado había sido depositado entre los pies, los intestinos a la derecha y el bazo a la izquierda. Sobre una mesa reposaban restos de piel del abdomen y de los muslos. El abdomen había sido totalmente vaciado. Tenía los brazos mutilados y el rostro lleno de salvajes cuchilladas. Los tejidos del cuello habían sido desgarrados hasta dejar entrever el hueso. Jack le sacó el corazón como colofón a su escalada sanguinaria.

A la mañana siguiente, el propietario del inmueble acudió a reclamar su alquiler. Aporreó la puerta, pensando que la joven dormía o tal vez se negara a abrir la puerta porque no tenía el dinero necesario para satisfacer la cuenta. Así que finalmente, abrió y se encontró con el espectáculo más macabro que habría de presenciar en toda su existencia.

Preso del horror, avisó a la policía. El forense no tuvo ningún tipo de duda, aquella obra sólo podía ser de Jack *el Destripador*. Lo que nadie sospechaba es que aquel salvaje espectáculo había sido la forma que el asesino había tenido de despedirse de su vida delictiva.

La desaparición

Tras este terrible asesinato, el cuchillo de Jack guardó silencio para siempre. Los expertos creen que utilizaba dos cuchillos y que probablemente era zurdo. Esto es lo poco que se sabe de él. A partir de este momento, se diluyó en la noche tal y como había llegado. Su sombra siguió planeando por las calles de Whitechapel. De hecho, sigue haciéndolo hoy en día, despertando la curiosidad de criminólogos de todo el mundo. Nadie supo nunca su identidad y tampoco se conoce la razón por la que empezó y dejó de matar.

Los psicólogos creen imposible que pudiera reprimir sus ansias asesinas. Tras diez semanas y cinco víctimas es muy difícil que pudiera retirarse a una vida «convencional». En esos momentos debía creerse invencible. Había burlado a la policía y no había ninguna prueba de su identidad. En cambio, desapareció completamente dejando tras de sí una sangrienta leyenda.

Los primeros días tras el terrible último asesinato fueron de auténtico pavor. Todas las prostitutas de Whitechapel temían acabar como la desdichada Mary Jane Kelly. Hubo revueltas sociales que poco a poco se fueron apaciguando. Los ciudadanos estaban enajenados por la impresión. Se persiguieron, incluso, a algunos falsos sospechosos y la policía tuvo que intervenir en un sinfín de reyertas.

Sin embargo, los días pasaban y ningún crimen engrosaba la lista. Poco a poco el temor se fue disipando. A principios de 1889, Scotland Yard dio por cerrado el caso. Esta decisión provocó las airadas quejas de los vecinos y dio pie a todo tipo de especulaciones. Se creyó que la policía sabía más del asesino de lo que había querido admitir y ahora quería poner tierra sobre el asunto. Pese a las protestas, la policía londinense retiró sus efectivos del barrio.

La prensa, al no tener noticias que suministrar, también fue perdiendo el interés por el tema. El hombre más temido del mundo había desaparecido sin dejar rastro.

Dado que los psicólogos están seguros de que es imposible que una vez iniciada, abandonara su carrera delictiva, la pregunta que todos se hacen es: ¿qué fue de Jack *el Destripador*?

Algunos piensan que murió. La muerte es lo único que hubiera podido frenar a un psicópata de esta magnitud. Sin embargo, los detractores de esta hipótesis argumentan que no es posible. El crimen de Mary Jane fue una gran despedida orquestada por una mente enferma y despiadada.

Quería decir adiós a lo grande. Y si así era, resultaba imposible que pudiera predecir su muerte.

Otros estudiosos del tema, cogiendo este argumento, creen que se suicidó. En cambio, los psicólogos y psiquiatras opinan que es bastante improbable que un psicópata como Jack *el Destripador* tuviera tendencias suicidas.

Por último, también se apunta la posibilidad de que emigrara a otro país. Hay algunas referencias a crímenes horribles en Estados Unidos que se explicarán más adelante. Sin embargo, la mayoría de los defensores de esta idea consideran más factible que se fuera a un país menos industrializado donde sus horrendos crímenes no trascenderían a la prensa y podría actual con total impunidad.

Las otras víctimas

Investigaciones posteriores sugirieron que tal vez habían dos víctimas más en el sangriento currículum del matarife.

En este punto, los investigadores nunca han llegado a un consenso. Las muertes tuvieron lugar el invierno anterior al de los célebres asesinatos.

A Emma Smith le cortaron las orejas y le abrieron el abdomen. Desparramaron sus intestinos por la calzada. El método era el mismo que utilizaba Jack *el Destripador*, pero los cortes no tenían la precisión habitual.

Con el buen tiempo, se encontró otro cuerpo mutilado. Correspondía a Martha Traham, una meretriz de mediana edad. Al cuerpo se le había extraído el riñón. Fue apuñalada 39 veces con una bayoneta, lo que demuestra un ensañamiento más apasionado del que solía esgrimir el célebre psicópata.

Estos dos casos han sido atribuidos por algunos estudiosos al famoso psicópata. Algunos criminólogos creen que, aunque no tengan «la marca de la casa», son obra de *el Destripador.* Tal vez fueron una especie de ensayo general antes de empezar con su vorágine de horror. Así se justificaría que todavía no tuviera su técnica perfectamente desarrollada.

Otros, en cambio, están completamente seguros de que el cuchillo de Jack no se esconde tras estos dos crímenes. Podía tratarse de otro psicópata que alcanzó menos notoriedad o simplemente de un asesino de poca monta que tuvo un momento de obcecamiento sádico.

Seguramente, nunca sabremos con toda certeza quién asesinó a estas dos mujeres, como tampoco podremos ponerle cara a Jack *el Destripador.*

CAPÍTULO V

¿QUIÉN FUE JACK *EL DESTRIPADOR?*

Esta pregunta empezó a formularse en 1888 y sigue sin respuesta. En el Londres victoriano todos tenían una teoría. Nadie comprendía cómo un asesino podía haberse introducido en un perímetro de 450 metros cuadrados vigilado constantemente por la policía. ¿Cómo conseguía moverse por ese barrio sin levantar sospechas? ¿Cómo lo hacía para ganarse la confianza de sus víctimas? Al principio, debía ser fácil. Pero tras el segundo crimen, la mayoría de las cortesanas debían estar recelosas y no debía ser tan fácil conseguir su confianza.

Sir Arthur Conan Doyle, el célebre creador de *Sherlock Holmes*, consideraba que sólo podría haber sido una mujer, un clérigo o un policía. Éstos son los únicos que no hubieran levantado sospechas en la zona vigilada. El cordón policial era muy estricto, pero ninguno de estos tres personajes encajaba con la idea que tenían los agentes del asesino, por lo que seguramente no habrían desconfiado.

Durante mucho tiempo se creyó que se trataba de un carnicero, que podía pasearse con las vestiduras ensangrentadas sin que nadie imaginara que acababa de cometer un cruel asesinato. Su oficio le hubiera permitido practicar cortes tan afinados como los que presentaban las víctimas.

El dramaturgo Bernard Shaw bromeaba con el tema asegurando que era un reformador social que pretendía llamar la atención sobre un distrito tan marginal. En el fondo, el asesino era el único que había conseguido que las autoridades protegieran a los desamparados ciudadanos de Whitechapel de las fechorías que cada día se cometían.

Durante mucho tiempo se creyó que tenía que ser un cirujano. Esta teoría ha llegado hasta nuestros días. De hecho, se pensaba que el material utilizado para ajusticiar a las víctimas era quirúrgico. Tan sólo un experto en la materia podría haber cometido aquellas precisas incisiones en los cuerpos de sus víctimas. Y si no se trataba de un cirujano, tenía que ser alguien que hubiera tenido al menos estrecha relación con la medicina.

La lista de sospechosos

Sin embargo, todo esto eran sólo suposiciones. Se tiene constancia de que además de las apuestas populares existió una lista real de sospechosos. El 23 de febrero de 1894, el Alguacil Principal Melville L. Macnaghten redactó una lista de los posibles asesinos. Este escrito pasó a la posteridad como el *Memorandum Macnaghten*. En este documento se mencionaban tres nombres: Montague John Druitt, Aaron Kominski y Michael Ostrog. Sin embargo, por diferentes razones, ninguno de ellos fue nunca juzgado por los crímenes cometidos. Se investigó, pero nunca se hallaron pruebas concluyentes o la muerte de los posibles asesinos hizo imposible que pudieran ser ajusticiados.

A continuación se analizarán las posibilidades de que estos hombres fueran Jack *el Destripador* y se investigará sobre otros nombres que no aparecían en esta lista y que también han despertado sospecha a lo largo de la investigación que más intriga a los criminólogos de todo el mundo.

Aaron Kominski, el loco

Kominski era un judío de origen polaco. Los registros indican que llegó a Inglaterra en 1882. En 1888, el año de los crímenes, tenía entre veintitrés y veinticuatro años y estaba soltero. Hacia los veinticinco años tuvo su primer ataque de locura. Durante mucho tiempo combinó una vida aparentemente normal con ataques de locura transitorios. El 6 de febrero de 1891, el doctor Edmung King Houchin lo examinó en el psiquiátrico en el que trabajaba. Tras una revisión, el galeno concluyó que su paciente «declara que no es responsable de sus acciones y que sus movimientos son controlados por un instinto que informa a su mente; dice que conoce las actividades de toda la humanidad y rechaza casi todos los alimentos porque su instinto le dice que no los coma».

Sin duda tiene todos los rasgos de un psicópata visionario. Aunque algunos psiquiatras creen que se trataba más de un esquizofrénico que simplemente sufría alucinaciones. Finalmente el psiquiatra que lo trató aseguró que no era peligroso. En las notas del 13 de abril de 1894, el paciente es descrito como «demente e incoherente». El 19 del mismo año fue ingresado en el Asilo de Leavesden, en el que murió el 24 de marzo de 1919.

¿Podía ser este hombre Jack *el Destripador*?

Según se desprende de las notas de Macnaghten:

«Kominski, un judío polaco y residente en Whitechapel. Este hombre se volvió loco debido a muchos años de indulgencia en los vicios solitarios. Tenía un gran odio hacia las mujeres, especialmente a las prostitutas, y presentaba fuertes tendencias homicidas. Ingresó en un asilo de locos aproximadamente en marzo de 1889. Habían muchas circunstancias conectadas con este hombre que le hicieron un gran sospechoso».

«Los años de vicios solitarios» son una clara referencia a la masturbación, tan denostada en la época victoriana.

Sobre este sospechoso hay diversidad de opiniones. El judío polaco era un sospechoso ideal en un tiempo en que el odio antisemita estaba a flor de piel. La mayoría de los ciudadanos creían imposible que un ciudadano inglés cometiera aquellas aberraciones, por lo que resultaba mucho más fácil culpar a un extranjero. El superior inmediato de Macnaghten en Scotland Yard era el Comisionado Auxiliar y cabeza del CID, doctor Robert Anderson, que estaba convencido de su culpabilidad y no se puede negar que su origen pesaban en sus hipótesis. En 1910 publicó un artículo en el que decía:

«Uno no necesita ser un *Sherlock Holmes* para descubrir que el delincuente era un maníaco sexual de tipo violento; que residía en la vecindad de los escenarios de los asesinatos; y que, si no vivía completamente solo, sus personas cercanas conocían su culpa y le encubrieron. Durante mi ausencia en el extranjero, la Policía buscó pruebas en su casa, puesto que se investigaba a cualquier hombre del distrito que pudiera ir y venir y librarse secretamente de sus manchas de sangre. Y la conclusión a que nosotros llegamos era que él tenía cómplices que eran judíos de clase baja, que lo encubrieron».

La principal prueba que tenía la acusación es que un testigo había descrito cerca del lugar del crimen a un hombre cuya descripción se parecía a la de Kominski, sin embargo, posteriormente no lo reconoció como el sospechoso que había visto. El testigo era judío y por eso la policía habló de «encubrimiento» por parte de la comunidad semita. Sin testigos y con el sospechoso era bastante difícil acusar a Kominski.

De hecho, todo parece indicar que ante la imposibilidad de inculparle, la policía consiguió que al menos fuera recluido en el sanatorio.

En la actualidad hay muchas dudas sobre estas teorías. Aunque en el asilo psiquiátrico tuvo algún capítulo violento, el sospechoso parecía más bien un tipo pacífico. Además, resulta extraño que su crisis de locura le sobreviniera después de haber cometido los asesinatos.

Montague John Druitt, un oportuno suicida

No existen evidencias de las razones que llevaron a Sir Macnagthen a incluir en su lista a Druitt, aunque se sabe que fue su sospechoso «preferido». La familia de Druitt también estaba convencida de que él era el autor de los terribles crímenes.

Pero recapitulemos en el tiempo. John Druitt era miembro de una familia de la aristocracia londinense dedicada durante generaciones a la medicina. Él, en cambio, había escogido ser abogado y tras su muerte se descubrieron algunos delitos de corrupción que había llevado a cabo en el ejercicio de su cargo. Druitt estaba obsesionado por la enfermedad mental que padecía su madre. El 10 de julio de 1888, la señora Druitt fue internada en una clínica para enfermos mentales. Su hijo la visitaba asiduamente y seguramente temía que la genética le hubiera jugado una mala pasada y que él también estuviera aquejado de la misma dolencia que su progenitora.

Algunos estudiosos han considerado que ésta pudo ser la circunstancia que sacó a flote las tendencias psicópatas de Druitt. Ya se ha comentado anteriormente que muchos psicópatas empiezan a cometer crímenes tras un hecho familiar que les desestabiliza. En muchos casos, ese evento está relacionado con sus padres.

Para llegar a la clínica en la que estaba ingresada su madre, Druitt, ya fuera desde su despacho de abogado o desde el internado donde se ganaba la vida como maestro de educación física, tenía que atravesar Whitechapel. Su hermano William empezó a notar un comportamiento extraño y lo hizo constar en algunos documentos. El 30 de noviembre Druitt fue despedido de la escuela por su comportamiento anómalo. Se sabía que era un misógino redomado y que no soportaba la presencia de las mujeres.

El sospechoso pertenecía a un selecto club llamado *Los Apóstoles*, en el que se daban cita los hijos de las principales familias del país. Algunas teorías dicen que *Los Apóstoles* supieron de las fechorías de Druitt y por ello le instaron a suicidarse o lo mataron e hicieron parecer que había sido un suicidio. Fuera como fuese, el 3 de diciembre de 1888, apareció su cadáver en el Támesis. Se dice que había una nota de suicidio, pero nunca ha visto la luz pública. De hecho, el expediente de Druitt está todavía cerrado.

Paralelamente, en aquellos meses se difundió el rumor de que el asesino había muerto o se había suicidado, por lo que muchos creyeron que el suicidio de Druitt se correspondía con la leyenda que circulaba.

De todas formas, algunos criminólogos están seguros de que fue imposible que éste fuera el autor de los hechos. Al menos tendría coartada para uno de ellos, el de Annie Chapman, que murió a las 5:30 de la madrugada. Druitt, a las 11:30 de la mañana estaba jugando un partido de cricket en Blackheath y según los expertos no tenía tiempo material de deshacerse de las pruebas, limpiar la sangre y llegar a tiempo a su cita.

También hay otras teorías que apuntan que actuaba con su primo, el médico Lionel Druitt. De hecho, este médico tenía una clínica en Whitechapel, tan sólo a 10 minutos del lugar más alejado en el que se cometieron los crímenes. Sin embargo, se ha de tener en cuenta que Druitt habría tenido que librarse del férreo control policial para llegar a «la guarida» de su primo.

Muchos culpan al club *Los Apóstoles* de haber impedido que las investigaciones en este sentido progresaran, pero no existen pruebas concluyentes de ello. Sin embargo, sigue siendo un misterio la razón por la que su expediente nunca vio la luz pública.

Michael Ostrog, el médico estafador

Este médico ruso es uno de los personajes más enigmáticos del Londres victoriano. Desde el año 1864 pasó largas temporadas en la cárcel por estafas y hurtos. Se dice que poseía una excepcional inteligencia pero que padecía ataques de locura que le hacían dejar pistas sobre su culpabilidad. Y eran esas pistas las que finalmente se convertían en pruebas fehacientes de sus estafas y lo conducían a presidio.

También se rumoreaba que era especialmente cruel con las mujeres, pero tampoco hay pruebas al respecto. Fue ingresado varias veces en diferentes psiquiátricos de Londres y de París por esos ataques de locura que aparecen escasamente descritos en los documentos de los sanatorios. En el año 1900 fue encarcelado por el robo de un microscopio y cuando salió en 1904 se perdió su pista. No se sabe ni dónde murió ni qué hizo con su vida.

Sin embargo, muchos consideran que es bastante improbable que el médico y estafador cometiera los crímenes. En aquel entonces tenía sesenta y pico años y su descripción no coincide con ninguna de las que los testigos aportaron.

Sin embargo, era ideal para ser considerado sospechoso. Por una parte era un extranjero, que era lo que la opinión pública quería creer. Y por otra, era médico, con lo que encajaba con las sospechas de la policía.

Pese a todo, Scotland Yard nunca lo detuvo en relación con el crimen, seguramente por carecer de datos concluyentes que lo inculparan.

La teoría conspiratoria

Pero sin duda, la teoría más popular sobre el célebre asesino es la que mantiene que era un miembro de la realeza, concretamente el duque de Clarence, el príncipe Alberto Víctor Christian Eduardo, hijo del rey Eduardo VII y nieto de la reina Victoria. Alberto tenía veintiocho años cuando se cometieron los asesinatos.

De hecho, en el imaginario colectivo ha quedado la imagen de que Jack *el Destripador* debía ser un hombre educado e inteligente que seducía a sus víctimas con sus buenos modales que contrastaban con los habitantes del barrio.

Esta teoría empezó a circular tras el asesinato de Stride y Eddowes. Un oficial detuvo a un elegante caballero que en aquellos momentos conversaba con una mujer de vida galante. Al ser interrogado por el agente de policía, el sospechoso dijo que era médico y con su labia consiguió que le dejaran salir del barrio sin aportar ninguna identificación. A partir de ese momento se forjó la imagen de que el asesino podía ser un miembro de la realeza y que por ello las investigaciones se cerraron sin dar con el asesino.

El príncipe Alberto era un cazador sanguinario, aunque nunca se le ha descrito como un hombre violento. También es cierto que era un asiduo de Whitechapel, puesto que acudía a los burdeles del arrabal o buscaba cortesanas por la calle, ocultando su identidad.

Se sabía que tenía un carácter inestable y que había padecido algunas crisis, aunque evidentemente la Casa Real procuró que nunca se supieran las razones. Así que esas crisis tanto podían ser un ataque de ansiedad como un acceso de locura.

Fuera como fuese, tras el último crimen, el príncipe Alberto fue recluido en un sanatorio. Según la versión oficial padecía una terrible gripe. El príncipe murió en el mismo sanatorio en 1892.

Sin embargo, la versión oficiosa tiene mucho que decir al respecto. La mayoría de los investigadores cree que padeció sífilis y que seguramente contrajo la enfermedad al estar en contacto con mujeres de vida disipada.

Otros creen, incluso, que la propia familia real decidió silenciar a su miembro díscolo, tal vez porque sabían que era el responsable de los crueles asesinatos.

En 1962, el historiador Phillippe Jullien mencionó ésta posibilidad en el libro *Edouard VII*. Ocho años después, el doctor Thomas Stowell publicó un artículo en el que acusaba al noble de ser Jack *el Destripador*. Según anunciaba, sus hipótesis se basaban en documentos del médico personal del duque, William Gull, de que le estaba tratando la enfermedad. En esas notas se explicaba que el príncipe Alberto sufría una gran inestabilidad emocional por ser incapaz de admitir su homosexualidad. Ello le habría llevado a vengarse ajusticiando prostitutas del barrio viejo. Sin embargo, ninguna de estas pruebas ha podido ver la luz. Stowell murió poco después de la publicación de su libro y sus notas desaparecieron.

Los detractores de esta teoría argumentan que el príncipe Alberto no era demasiado inteligente y tampoco tenía conocimientos de anatomía y medicina suficientes para practicar las certeras incisiones que distinguían a Jack. Asimismo, también se han presentado pruebas de que durante esos días no estaba en Londres, sino en Escocia.

De todas formas, esta es la teoría que durante más tiempo ha intrigado a los investigadores. La posible vinculación de la casa real aporta nuevos tintes a la dramática historia.

El médico del príncipe

Dentro de las teorías conspiratorias que involucran a la familia real, destaca una que con los años ha ganado fuerza. Jack *el Destripador* pudo ser William Gull, el médico personal del príncipe Alberto. Ésta es la teoría que expuso en el comic-book *Desde el Infierno* (*From Hell*) el guionista británico Alan Moore. Dicho cómic está basado en las principales investigaciones realizadas sobre el tema y dio lugar a la versión cinematográfica del mismo título protagonizada por Johnny Depp y Heather Graham. En ella se mantiene que el asesino fue el médico real con la ayuda del cochero.

La orden de cometer los asesinatos fue dada por la propia reina Victoria que estaba siendo chantajeada por las cinco prostitutas porque su nieto se había casado en secreto con una ex cortesana con la que había tenido un hijo.

Esta razón, según el propio autor, es cosecha de su imaginación, y aunque no está comprobada tampoco resulta descabellada. De todos modos, varias teorías confirman que las cinco víctimas se conocían y que intentaron chantajear a la corona. Los defensores de esta hipótesis no han podido concretar la causa por la que las mujeres chantajeaban a la reina, pero es probable que fuera por la vida disipada de su nieto.

En el cómic *Desde el infierno* se da por hecho que el pintor Walter Sickert actuó como enlace en este chantaje. La reina quiso acabar con aquella osadía de raíz y le encargó a Gull la misión de acabar con las chantajistas.

Parece que Gull era un miembro destacado de la orden francmasona, por lo que también contó con el amparo de sus compañeros de cofradía. Algunos investigadores han encontrado símbolos masones en todos los asesinatos.

De todos modos, la reina esperaba unos asesinatos desapercibidos y no la carnicería que la mente enferma del *Destripador* llevó a cabo.

Los detractores de esta teoría argumentan, sin embargo, que en esa época Gull era un anciano que apenas salía de casa, por lo que resulta bastante difícil que pudiera cometer los enérgicos y sangrientos crímenes.

El pintor impresionista

En todo este embrollo de nombres hemos mencionado ya al pintor Walter Sickert y éste resulta ser el siguiente sospechoso de esta interminable lista. Según el libro publicado por Stephen Knight en 1976 bajo el título de *Jack the Ripper, the Final Solution*, el célebre pintor impresionista confesó sus crímenes a su hijo en el lecho de muerte.

Recientemente esta teoría ha vuelto a la palestra con bríos renovados. La escritora de misterio estadounidense Patricia Cornwell ha llevado una exhaustiva investigación que ha concluido con el nombre del pintor de origen alemán.

La escritora invirtió entre 4 y 6 millones de dólares en la investigación. Compró cuadros del autor y llegó a desgarrar alguno de ellos en busca de pruebas. Asimismo, adquirió todo lo que estaba a la venta y se relacionaba con el asesino.

La única prueba concluyente se basa en el ADN extraído por unos investigadores que contrató la novelista. Los investigadores obtuvieron una secuencia de ADN de un sello adherido a una misiva supuestamente enviada por Jack *el Destripador*, que se comparó con otras muestras extraídas de la correspondencia de Sickert. Dada la antigüedad de las muestras, los expertos sólo pudieron obtener ADN mitocondrial, menos fiable que el nuclear, empleado generalmente en los casos judiciales modernos.

Las muestras de las cartas del pintor impresionista estaban mezcladas con ADN de otras personas, y algunas secuencias coincidían con las encontradas en la carta del *Destripador*. Algunos estudiosos del caso, como Stephen Ryder, han criticado las conclusiones de la novelista y alegan que el análisis de ADN efectuado descartaría al 99 por ciento de la población londinense de la época, pero el restante uno por ciento dejaría a varios cientos de miles de individuos como sospechosos.

El resto de las pruebas son completamente circunstanciales. Cornwell, afirma, por ejemplo, que en aquella época el pintor tenía veintiocho años y que la mayoría de psicópatas inicia su carrera criminal entre los veinticinco y los treinta años. También explica que una de las claves del caso es que el asesino se esfumaba tras los crímenes. Sickert podría haber llevado a cabo esas fugas debido a que tenía tres estudios secretos en el East End. Por último, la novelista asegura que los cuadros del artista muestran mujeres amenazadas por hombres y que algunas de ellas están en la misma posición en la que fueron encontradas las víctimas del *Destripador*. En este punto, la autora señala que Sickert pintó una serie de cuadros que según declaró estaban inspirados en el asesinato de una prostituta en Candem. Sin embargo, la dama del misterio cree que la mujer del cuadro presenta la misma posición de Mary Kelly cuando fue encontrada por la policía. En otro cuadro aparece una mujer mutilada con unas heridas muy similares a las que Jack le ocasionó a Catherine Eddowes.

«Sickert nunca pintaba nada que no hubiera visto y no habría tenido manera de saber el aspecto de aquellas mujeres si él mismo no hubiera estado allí. Estoy segura al cien por cien que fue Walter Sickert quien cometió aquellos crímenes», ha declarado la novelista, que ha publicado sus hipótesis en un libro.

La razón principal por la que el pintor odiaba a las mujeres podía deberse a una deformidad genital. Sickert había sido sometido a varias operaciones que no habían podido solucionar su problema que le acomplejada ante las féminas. Como venganza, se dedicaba a asesinar prostitutas. Según la escritora, sus cuadros son una buena muestra de su psicopatía.

La comunidad artística se ha puesto de uñas con estas afirmaciones. Sickert está considerado uno de los grandes pintores impresionistas. Discípulo artístico del estadounidense James Whistler (1834-1903) y amigo del francés Edgar Degas (1834-1917), nació en Munich en 1860, pero se nacionalizó británico y comenzó sus primeros trabajos en 1880. Las prostitutas y los ambientes de cabaret fueron los temas preferidos por el autor, que falleció en 1942.

Richard Shone, el comisario de la última exposición sobre Sickert, opina que Cornwell no debería haber llevado esta investigación del modo en que lo hizo y mucho menos destrozar obras del pintor en busca de pruebas: «No puedo creer que haya hecho algo así, es realmente horrible. ¿Está tan obsesionada con su estúpida teoría que le da igual destrozar la obra de uno de los mejores pintores de su época? Aunque Sickert fuese Jack *el Destripador* no justificaría lo que ha hecho».

La polémica está servida. Algunos psicólogos creen que es imposible que fuera Sickert, puesto que una vez había empezado a matar no podría haber frenado su instinto. Otros, en cambio, consideran que en el caso del artista tal vez pudo reconstruir sus fantasías a través de la pintura y ya no le fue necesario matar.

Otros opinan que tal vez el pintor estuvo relacionado con el asesino, pero es muy difícil saber si fue su cómplice.

James Maybrick, ¿el diario de un asesino?

En 1992 surgió un nuevo sospechoso que cambió el panorama del caso que nunca había sido cerrado en la conciencia colectiva. Michael Barett, un distribuidor de chatarra de Liverpool, encontró un diario escrito por un hombre llamado James Maybrick que confesaba ser Jack *el Destripador*. El diario estaba datado en 1889 y su contenido sólo podía haber sido escrito por una mente enferma. La profusión de detalles, la explicación del placer que sentía en cada uno de los crímenes y los detalles sangrientos provenían, según los psicólogos, de un auténtico psicópata.

Sin embargo, hay muchas dudas sobre si ese psicópata sería o no Jack *el Destripador*. Algunos estudios afirman que el diario está escrito con tinta moderna, mientras otros creen que es contemporáneo a los crímenes. Las pruebas caligráficas tampoco han creado consenso entre los investigadores.

A vista de estos hechos, sólo podemos repasar la historia comprobada del supuesto sospechoso. James Maybrick era un comerciante de algodón londinense nacido en 1838. Sus negocios le condujeron a Estados Unidos, concretamente a Virginia, donde conoció a su mujer, Florence, una bella joven veinticinco años menor que él. En el Nuevo Mundo, James contrajo la malaria y durante toda su vida tuvo que ingerir una combinación de arsénico y estricnina para sobrellevar el dolor de la enfermedad.

La pareja regresó a Londres y la relación empezó a deteriorarse. Ambos descubrieron mutuas infidelidades y se sabe que al menos una vez James golpeó a su mujer. El marido solía olvidar los sinsabores del matrimonio en los brazos de las prostitutas de Whitechapel. El 11 de mayo de 1889, a la edad de cuarenta y nueve años, murió. Tras el informe del forense, se llegó a la conclusión de que había sido envenenado y se acusó a su esposa. Esta fue condenada a muerte. El caso fue célebre, puesto que fue la primera mujer norteamericana que subió a un patíbulo londinense.

Hasta aquí, nos ceñimos a los datos objetivos. Ha llegado el momento de sumergirnos en el supuesto diario del comerciante algodonero.

Todos los datos que han sido comprobados demuestran que no hay incoherencia alguna en los movimientos que llevó a cabo Maybrick y los que se describen en el diario. Según confiesa, los problemas con su mujer le llevaron a cometer esos crímenes que disfrutaba con fruición.

Según algunos estudiosos, Jack es una combinación de las dos primeras letras de James y las dos últimas de Maybrick. Asimismo, en el diario asegura que mató a Mary Kelly por su parecido con su mujer. Algunas fotos de la época ratificaron la similitud entre ambas féminas. Por ello, fue el crimen en el que más se ensañó. En el diario explica que puso sus iniciales en la pared: FM (Florence Maybrick), y ese dato no fue publicado en los diarios. Sin embargo es cierto que esas letras fueron escritas con sangre en la pared.

A priori, parecería que James tuvo un castigo divino. Tras matar a tantas mujeres murió a manos de la suya. Sin embargo, también hay varias teorías que desmienten este particular. Florence fue juzgada con escasas pruebas y condenada con demasiada celeridad. Según algunos estudiosos, una mano poderosa se hallaba tras esa inculpación tan sospechosa. Y era la mano del hermano del fallecido, Michael Maybrick, que fue avisado por el otro hermano, George, de las fechorías que estaba cometiendo James.

Michael era un famoso personaje en la época. Cantante y compositor, se había hecho millonario con una sola canción: *Holy City*. Había sido recibido por el Papa y por todas las personalidades de la época, por lo que un escándalo de estas características podría haber arruinado su vida. A la sazón, pertenecía a una orden masónica, donde ocupaba un alto rango.

El propio James sabía que su hermano pronto descubriría sus asesinatos y le intentaría quitar de en medio.

Además, los ataques de malaria y la amarga medicina que tomaba le hacían desear que llegara su hora. Así lo escribió en el polémico diario:

«Mi querido Conejito lo sabe todo [se refiere a Florence], no sé si tendrá valor para matarme. Ruego a Dios que lo encuentre. Sería sencillo, ella está al tanto de mi medicina y con una o dos dosis extras todo se acabaría. Nadie sabrá que yo lo he buscado. George está enterado de mi hábito y confío en que pronto llamará la atención de Michael. En verdad creo que está enterado. Michael sabrá cómo actuar, él es el más sensato de nosotros. No creo que llegue a ver este junio, mi mes preferido entre todos».

Y así fue. En mayo, James murió. Los estudiosos del tema creen que se cumplió su vaticinio y que fue asesinado por su hermano, que le cargó las culpas a su mujer. También es probable que ambos se pusieran de acuerdo para quitar de en medio al hombre que estaba cometiendo tan terribles crímenes.

De todas formas, aún no hay ningún informe concluyente que demuestre la autenticidad del diario, que es la única prueba que señala a Maybrick. Por ello, es uno más de los candidatos a Jack *el Destripador*.

Lewis Carroll, el asesino escritor

Casi ningún personaje célebre del Londres victoriano se libró de la sospecha de poder haber sido el cruel asesino y en la lista no podía faltar un personaje tan controvertido como Lewis Carroll, el autor de *Alicia en el País de las Maravillas*.

El primero en inculparlo fue Richard Wallance en 1999. Este investigador de Jack *el Destripador* presentó pruebas endebles, pero inquietantes.

En el célebre libro que le hizo famoso, escrito dieciséis años antes de los crímenes, incluye pequeños detalles que después fueron encontrados en las víctimas de Jack. La principal prueba fue uno de los poemas que aparece al inicio de la novela. Alicia lee el nombre YKCOWREBBAJ y después interpreta que está escrito al revés, puesto que se tiene que leer con un espejo. El poema dice: Así aparece el JABBERWOCKY, que advierte: «Teme al Jabberwocky, mi niño/las mandíbulas que muerden/las garras que atrapan/... El Jabberwocky con los ojos en llamas».

Wallance también aseguró que Lewis llevaba un diario que siempre escribía en rojo (como las cartas que *el Destripador* envió a la policía) y sin embargo, cuando tuvieron lugar los terribles crímenes, cambió el color de la tinta para sus escritos personales y empleó el negro.

El diario del artista quedó en poder de su sobrino y ni éste ni sus herederos han querido nunca mostrarlo ni para corroborar ni para negar las teorías.

El investigador añade que el novelista era zurdo, como el asesino, y además no tenía coartada para ninguno de los días en los que se cometieron los crímenes. De todas formas, estas dos pruebas implicarían a buena parte de los londinenses de la época.

Los psicólogos creen improbable que un psicópata planee sus crímenes dieciséis años antes, los escriba y espere durante todo este tiempo a llevarlos a cabo. Sin embargo, es cierto que en la mente del psicópata se repiten ciertas fantasías que son las que luego efectúa. Ello no significa que planeara los crímenes antes, sino que sobre el papel acaso pudo verter parte de ese mundo inquietante que había construido. Una vez se decidió a matar, lo hizo siguiendo sus fantasías rituales.

De todas formas, pocos son los criminólogos que consideran que el escritor pudiera ser el autor de las muertes, aunque ciertamente tenía una personalidad controvertida.

Su auténtico nombre era Charles Lutwidge Dodgson y ya en su infancia fue declarado niño prodigio. Estudió letras, ejerció el magisterio en Oxford y se hizo diácono. Con una mente prodigiosa para las matemáticas y los acertijos, Charles llevó una vida bastante apartada del mundanal ruido. Se reconocía como misógino y parece ser que nunca tuvo relación con ninguna mujer. Su único amor fue Alicia, una niña de cuatro años que era la hija del decano Lidell. Charles fotografiaba a la niña y a sus amiguitas y las llevaba a dar paseos en barca por el Támesis. En el transcurso de uno de estos paseos, les explicó el cuento de *Alicia en el País de las Maravillas*. La niña insistió en que quería que escribiera aquel cuento y el profesor accedió a los deseos de su musa.

Casi todos los teóricos de la obra del escritor creen que éste estaba enamorado de la niña y que por tanto era pedófilo. También creen que parte del universo que inventó para su «amada» se basó en su adicción a ciertas sustancias alucinógenas.

No es de extrañar que con este perfil, algunos hayan considerado que tal vez el escritor podía ser Jack *el Destripador*. De todos modos, ninguna prueba resulta concluyente y todo parece indicar que Carroll era un tipo pacífico incapaz de matar a una mosca.

George Chapman, el envenenador

Si éste hombre fue el verdadero Jack *el Destripador* no hay duda de que el destino hizo justicia, puesto que acabó en el cadalso. Sin embargo, no fue por asesinar cruelmente a prostitutas, sino por envenenar sucesivamente a sus tres esposas. En 1902, en Londres, este hombre fue ahorcado y muchos creen que se llevó el enigma de Jack a la tumba.

George Chapman se llamaba en verdad Severin Klosowski y nació en la aldea polaca de Nargornak. La similitud de su nombre real con el de Kominski, el otro sospechoso polaco, ha dado pábulos a numerosos errores por parte de los investigadores.

Chapman estudió para ayudante de cirujano en Polonia. Sin embargo, cuando llegó a Londres tuvo que cambiar el bisturí por la navaja de barbero, que fue el oficio que ejerció. Trabajaba y vivía en Whitechapel. Martha Traham, una de las víctimas que podía haber muerto a manos del *Destripador*, aunque no ha sido confirmado, fue asesinada en el mismo edificio en que él vivía.

Esto ha dado pie a diferentes especulaciones, algunos piensan que tal vez fue el asesino de esta prostituta, pero no el del resto de cortesanas. Otros, en cambio, creen que él fue el famoso Jack *el Destripador*.

La principal prueba es que cuando acabaron las horribles muertes, se trasladó durante una temporada a Estados Unidos. Coincidiendo con el final de los crímenes en Londres, se inició una sangrienta escalada en Norteamérica.

De todas formas, Scotland Yard nunca investigó su relación con Jack *el Destripador*. Fue rápidamente condenado a muerte por el envenenamiento de sus tres mujeres y nadie le preguntó sobre otros posibles crímenes.

De todas formas, los psiquiatras y los psicólogos consideran que resultaría bastante extraño que un psicópata fuera también un envenenador. Desde luego no es imposible, pero habitualmente responden a patrones de comportamiento diferentes.

De hecho, Chapman era una especie de Barbazul que quería librarse de sus esposas cuando se enamoraba de otra mujer. Por ello, el asesinato tenía un objetivo y no era el fin en sí mismo, como suele ser el caso de los psicópatas.

¿Por qué Jack?

De todos los asesinos en serie, ¿por qué Jack *el Destripador* ha quedado grabado en el inconsciente colectivo con tanta fuerza? Ésa es la pregunta que se han hecho todos los investigadores que han abordado el tema con seriedad.

Es cierto que sus crímenes fueron escalofriantes, pero pese a todo, existen otras razones que justifican la importancia de este asesino en la historia de la criminología. Cinco prostitutas muertas bajo la niebla de Londres podían haber pasado inadvertidas en una época en la que la industrialización condenaba a cientos de personas a morir vagabundeando por la metrópolis.

Sin embargo, los hechos acontecieron, como se verá a lo largo de este capítulo, en un momento muy concreto de la historia y eso hizo que el caso del sanguinario *Destripador* adquiriera una gran importancia.

La coyuntura histórica propició que los crímenes de Jack fueran conocidos en el mundo entero. Los criminólogos continúan interesados en el caso y nadie ha podido dar una respuesta a este enigma que sigue abriendo interrogantes que no se cierran.

En cambio, algunos de ellos sí que se pueden contestar. Como ya advertimos, no conocemos a ciencia cierta la identidad del primer asesino en serie mediático, pero podemos escudriñar las causas que le convirtieron en una celebridad.

En este capítulo recopilaremos las principales investigaciones para entender qué convirtió a Jack *el Destripador* en un fenómeno de masas.

La urbanización

La vida en la gran ciudad crea nuevas reglas de comportamiento que hasta el momento no habían sido necesarias.

De hecho, varios analistas están convencidos de que el fenómeno de los asesinos en serie es relativamente moderno, que cuenta con un siglo y medio o dos de historia. El asesino en serie es urbano.

Pese a que, como veremos en el siguiente capítulo, hubo grandes y crueles matarifes en el pasado, el perfil, tal y como lo describen los psicólogos, tan sólo tiene sentido en el seno de una gran urbe.

El hacinamiento, el anonimato y la impunidad son las principales ventajas que encuentran estas mentes enfermas que en otro ambiente tal vez tendrían que esconder sus tendencias naturales.

En el antiguo régimen, la figura del asesino estaba completamente diluida. No era un individuo, formaba parte de la masa. La vida extremadamente violenta justificaba en cierto modo el asesinato. Cada día morían personas y esa era la norma, no la excepción. El sistema judicial era fácil de soslayar, por lo que cualquiera podía matar.

Si un asesino era detenido y sus crímenes probados, se le procuraba una muerte terrible. Solían ser aplastados por una rueda que les rompía todos los huesos o despedazados al ser atados a caballos que corrían en direcciones diferentes.

Esos ajusticiamientos servían de escarmiento y eran públicos, para que todo el mundo pudiera aprender la lección. La violencia de los mismos ponía de manifiesto la brutalidad de la sociedad de la época. Poco importaba por qué había cometido aquel crimen. La mentalidad de aquel momento no estaba preparada para esa pregunta.

El criminal formaba parte de una población que estaba acostumbrada a actuar como grupo sin contemplar las particularidades de cada cual. Las ejecuciones eran el paradigma de esta forma de pensar: todos aplaudían al unísono la tortura del criminal, aunque la mayoría, seguramente, desconocía de lo que se le acusaba.

Sin embargo, la Revolución Francesa, con la guillotina, impone otra visión de las cosas. Procurar una muerte rápida y poco dolorosa no deja de ser un cambio en la visión que se tiene del criminal.

A partir de este momento nace el monstruo o el asesino en serie. No deja de ser paradójico que cuando la sociedad consigue que haya menos asesinatos, se hable de éstos mucho más. ¿Cuál es la causa? A continuación analizaremos dos puntos básicos que conllevaron a este nuevo punto de vista. Por una parte el auge de la psicología y por otra el advenimiento de la prensa de sucesos.

La criminología

La mentalidad de la época da un giro. En una sociedad en la que no es necesario matar, ¿por qué siguen habiendo crímenes? Con esta forma, lentamente se produce un proceso de transición. En la sociedad antigua, el castigo caía más sobre el criminal que sobre el crimen. En cambio, ahora se quiere saber las causas y ello crea un movimiento. Hace falta una investigación para conocerlas. Y aquí es donde la incipiente psicología y criminología juegan un papel clave.

A partir de 1840 se inician investigaciones muy interesantes en este sentido. Aunque en la actualidad la mayoría de las premisas han sido superadas, se ha de tener en cuenta que si no se hubiera dado ese primer paso, seguramente la criminología sería hoy en día una ciencia en pañales.

Empiezan a plantearse las primeras preguntas sobre la forma de actuar, la mente, la conciencia... Se está creando ya el concepto de individuo, por lo que es posible intentar entender al criminal.

El primero en romper una lanza en esta línea fue Franz Joseph Gall (1758-1828), padre de la frenología y precursor de la antropología criminal. Este científico tenía la teoría de que todas las emociones residían en el cerebro, en áreas diferenciadas del mismo. A partir de aquí, Gall y su equipo deciden visitar todas las prisiones que pueden y medir el cráneo de los reclusos. Están seguros de que alteraciones en la forma y el tamaño son lo que provocan que no puedan reprimir su instinto agresivo.

Publican algunos estudios en este sentido que si bien no son demasiado rigurosos, muestran un cambio de enfoque importante. De repente, el criminal no puede evitar serlo. Su estructura craneal le obliga a ello. De esta forma se crea el concepto de «asesino nato».

Sin embargo, la aportación más importante en este sentido es la que lleva a cabo César Lambroso (1835-1909). Este italiano siguió la línea de su predecesor, Gall. Estaba convencido de que el criminal lo es por la forma de su cerebro. Su máxima aspiración fue encontrar la diferencia entre el loco y el criminal. Finalmente, da con ella. Se trata de una malformación diferente del cráneo. Sus conclusiones son publicadas en un libro que da el pistoletazo de salida para que la criminología se convierta en ciencia. El libro se llama *El hombre delincuente* y aparece en 1876. En él, por ejemplo, recomienda que los locos que hayan cometido asesinatos sean internados en centros especiales. Deja claro que no pueden mezclarse con los dementes de un psiquiátrico. Deben crearse recintos psiquiátricos penitenciarios.

Esta idea, que después ha sido adoptada por casi todos los países, fue una auténtica bomba de relojería en su momento. Y supone un cambio de mentalidad radical.

Con este precedente, no es extraño que cuando apareció la figura de Jack *el Destripador*, se dispararan todo tipo de teorías. Este asesino venía a ser la confirmación de todas las teorías que se empezaban a exponer. Era, sin saberlo, la prueba viviente de todo el debate intelectual que se estaba llevando a cabo en aquel momento. Su captura, sin duda, hubiera sido una posibilidad idónea para darle el empujón definitivo a la criminología.

En este contexto cambiante, *el Destripador* es visto con otros ojos. Ya no es un asesino más, es el monstruo, el loco, el enfermo. La gama de matices indica que hay un antes y un después. Ya no forma parte de una masa que mata o muere, es un individuo y lo que le pasa por la cabeza en cada momento intriga sobremanera a la incipiente comunidad científica.

La prensa sensacionalista

En el otro lado de la balanza encontramos el nacimiento de la prensa de sucesos. Y es que los diarios nacen como prensa de sucesos, después se pulirá su función social, pero la intención es despertar la emoción.

En este panorama deben competir con los llamados romances de ciego o de hilo y caña. Eran unas cuartillas que se remontaban a la Edad Media. Ofrecían historias cortas que pretendían ser moralistas. Normalmente eran muy escabrosas y ofrecían todo tipo de detalles morbosos. Querían demostrar que el mal comportamiento siempre era castigado y querían que ese mensaje llegara al mayor público posible. Por ello, utilizaban un lenguaje que apelaba a la emotividad. Los novelistas o dramaturgos solían criticar con dureza estos escritos que apelaban a las emociones básicas.

Sin embargo, de poco servían sus críticas. Las tiradas de estas cuartillas alcanzaban, en muchas ocasiones, los 5.000 ejemplares. Eran leídas en público por los que habían sido alfabetizados y escuchadas con devoción por el resto, por lo que llegaban a toda la población.

Cuando aparecen los diarios, tienen que convivir con los romances de ciego. Y deben captar más público. Por ello, en cierta forma, los copian. Necesitan encontrar esa fórmula magistral que les ha servido para ganar el favor del gran público. Encuentran la fórmula: sexo y muerte. Éstos son los temas que captan la atención del lector y que siguen consiguiendo que hoy en día el telespectador, por ejemplo, no cambie de canal.

Así que el caso de Jack *el Destripador* brinda una perfecta oportunidad para que cada día los londinenses compren el diario. Hay un criminal terrible, chicas sin futuro y desigualdad social. La prensa, además, consigue ganarse el favor del público criticando a Scotland Yard. Los habitantes de Whitechapel estaban acostumbrados a ser las víctimas de los agentes de policía. En cambio, el horrible crimen les convierte en ciudadanos que tienen derecho a exigirles a sus fuerzas de seguridad una actuación competente.

Este sentimiento enlaza con la sátira. Ridiculizar al poderoso siempre ha sido la afición preferida de los desfavorecidos. En ese sentido, el caso de Jack *el Destripador* permite las críticas más agrias que seguramente ha recibido Scotland Yard en toda su historia.

El Destripador es el primer asesino mediático. Tras de sí, vendrá una larga cola. Pero él es el pionero. Se crea una historia novelada que aparece cada día en la prensa. Los ciudadanos la quieren seguir y sienten intriga y repugnancia al mismo tiempo.

De esta forma, la prensa consigue consolidarse y la figura de Jack queda para siempre grabada en la conciencia colectiva.

La intriga

Seguramente, si Jack *el Destripador* hubiera sido detenido, hoy nos referiríamos a todo este asunto en términos muy diferentes. La historia de sus crímenes es una novela sin final, lo que ha hecho que a lo largo de los últimos años muchos intentaran encontrarle un desenlace.

Nos encontramos en la época de mayor esplendor para Conan Doyle y su *Sherlock Holmes*. El papel de detective, que después sería explotado en la novela negra, ha sentado sus bases. Y todo el mundo se identifica con él. No hacen falta complejos estudios, tan sólo una gran inteligencia. Así que cualquiera con un poco de autoestima puede jugar a los detectives.

Por ello, como se explicaba en el capítulo anterior, adivinar quién podía ser Jack *el Destripador* se convirtió en un auténtico juego. Famosos y desconocidos, ricos y pobres, tenían su propia teoría sobre el particular.

Y lo mejor de todo: se podrían quedar con ella y darle tantas vueltas como quisieran, porque era una historia sin fin. De hecho, este juego ha llegado hasta nuestros días. Siguen saliendo libros que pretenden tener la solución definitiva al eterno interrogante. Es un juego que no tiene fin y por tanto se puede jugar tantas veces como plazca.

Con el tiempo, que no se sepa su identidad, además, lo ha convertido en un personaje único. Todos los demás asesinos en serie que han salido en los medios de comunicación, tarde o temprano, han sido desenmascarados.

Se le ha podido poner un rostro al horror y tranquilizar los ánimos sabiendo que estaba recluido. En cambio, el caso de Jack es desasosegante precisamente por eso: nunca fue a la cárcel.

El don de la oportunidad

Todos estos factores hacen que la figura del *Destripador* surja en el momento en el que la sociedad está dispuesta ya a clasificar a un asesino en serie. ¿Causa o consecuencia? Esa pregunta sigue intrigando a los sociólogos. ¿Es Jack *el Destripador* la consecuencia de una sociedad masificada? ¿O por el contrario es un caso aislado que llega justo en el momento en que esta sociedad está preparada para analizarlo correctamente?

Esta sempiterna cuestión se puede aplicar a cualquier asesino actual. Lo curioso es que, justamente, *el Destripador* llega en un momento clave de la historia de la criminología. Por una parte, el avance de esta permite que sea estudiado con cierta rigurosidad. Por otra, le da un empujón a esta ciencia, que llega al gran público a la vez que ratifica las teorías intelectuales de sus estudiosos.

Sin embargo, como ya se ha comentado, Jack es el primer asesino en serie moderno. Ello no significa que anteriormente no hubiera mentes enfermas que encontraran en el asesinato un placer insano. En los siguientes capítulos estudiaremos a los asesinos anteriores a Jack y a los modernos «destripadores».

CAPÍTULO VI

UNA HISTORIA LLENA DE ASESINOS

Como se ha explicado, Jack *el Destripador* crea un nuevo concepto de asesino. Sin embargo, antes del advenimiento de la criminología y de la psicología moderna, también existieron hombres y mujeres que se dedicaron a asesinar por el simple placer de matar.

El problema básico en el estudio de estos asesinos históricos es la escasa documentación fiable que existe sobre ellos. Los sucesos reales y la leyenda se dan la mano y en muchas ocasiones resulta difícil separarlos.

Sin embargo, existe una extensa literatura sobre el tema y muchos investigadores han podido recopilar algunos hechos contrastados e interpretar en su justa medida las leyendas que se crearon alrededor de estos matarifes.

Hemos de remontarnos a épocas pretéritas en las que el sistema judicial apenas funcionaba. En la noche de los tiempos, encontramos asesinos, normalmente de posición acomodada, que pueden dar rienda suelta a sus instintos sin tener que dar demasiadas explicaciones sobre sus actos.

En esas épocas, ser rico daba licencia para hacer prácticamente lo que se quería. Por ello, únicamente nos han llegado los casos de los que fueron ajusticiados por su crueldad. Cabe imaginar que muchos más consiguieron seguir asesinando con cierta discreción y de ellos nunca sabremos casi nada.

En una sociedad poco evolucionada, en la que la clase pobre estaba totalmente desamparada, resultaba especialmente fácil cometer tropelías sin tener que pagar por ello. Ya hemos visto que normalmente los psicópatas no tienen miedo de las repercusiones de sus actos, pero de todos modos la sociedad antigua les brindaba un escenario «idílico» para sus horrendos asesinatos.

De hecho, pese a que la figura del asesino en serie aparece con la industrialización, hemos de tener en cuenta que su hábitat natural debía ser esta época. Los asesinos modernos tienen que conformarse con matar a sus víctimas sin demasiados rituales. En cambio, estos asesinos históricos, con una posición privilegiada, podían expandir todas sus fantasías y crear en sus castillos verdaderos infiernos.

Cabe destacar una figura muy poco estudiada por la criminología y que en estas historias está siempre presente: la de los esbirros que colaboraban en sus fechorías. ¿Se trataba de auténticos psicópatas que vivían a la sombra del «asesino oficial» o actuaban por el miedo a padecer los mismos horrores que las víctimas si no obedecían a sus amos? Esta cuestión ha sido poco estudiada por la criminología, que se ha centrado más en los asesinos modernos, pero no deja de ser un enigma por resolver.

Como veremos, estos crueles nobles no podían montar su reinado del horror sin contar con la colaboración de sus seguidores. Algunos creen que en aquella época el instinto de supervivencia era tan fuerte que se imponía a cualquier otra consideración. Otros, en cambio, consideran que los psicópatas poseían tal carisma que podían hacer creer que sus valores eran los correctos. Por último, hay quien considera que estos secuaces eran elegidos precisamente por que los asesinos se sentían identificados con ellos y sabían que compartían el mismo instinto depredador. La cuestión, por falta de estudio, sigue siendo un interrogante abierto.

A continuación repasaremos uno por uno los casos más célebres de asesinos que, antes del escándalo de Jack *el Destripador*, llevaron a cabo crímenes sin más objetivo que el disfrute de su mente enferma.

Gilles de Rais

Éste es sin duda uno de los asesinos más crueles y sádicos que ha dado la historia de la criminología. La mente enferma de este hombre imaginó y llevó a cabo horribles asesinatos que aún hoy en día provocan pavor.

Gilles de Rais nació en 1404 en el castillo de Champtocé, cerca de Nantes, Francia. Provenía de una familia de alta alcurnia. Su padre, Guy de Lavan, era noble, y su madre, Marie de Croan, pertenecía a una adinerada familia. Las posesiones de la familia se extendían desde Bretaña hasta Poitoi y desde Maine hasta Anjou.

Sin embargo, los padres de Gilles tuvieron un triste final que su fortuna no pudo evitar. Guy de Laval fue asesinado en el año 1415 y su mujer murió pocos años después. De este modo, Gilles de Rais, a los once años quedó al cuidado de su abuelo materno, un hombre amable y fantasioso que según parece no supo encaminar con demasiado acierto la educación de su nieto.

Gilles se casó muy joven (a los dieciséis años) y por interés con su prima Catherine de Thouars, con la que tuvo un hijo. Se fue a vivir al castillo de Tiffauges sin hacer el menor caso a su mujer. Allí se dedicó a una vida disipada llena de fiestas depravadas de las que disfrutaba en compañía de sus pajes.

Llamado a la corte de Carlos VII, consiguió enderezar su andadura con varios honores militares. Sin embargo, el hecho más importante de aquella época fue su encuentro con Juana de Arco. El hombre disoluto se rindió ante el encanto angelical de aquella mujer a la que amó en secreto toda su vida.

Cuando Juana de Arco fue capturada, encabezó una expedición para buscarla que fracasó. Cuando fue quemada en Ruán, Gilles enloqueció. Según dijo, ya no había pureza en el mundo para él, así que se sumergió en el lado oscuro.

Renunció a la vida militar y volvió a su castillo, donde se entregó a fiestas interminables. Despilfarró su fortuna en esas celebraciones y en la compra de objetos lujosos, miniaturas y tapices que utilizaba para ambientar las fiestas. Pese a que poseía una de las mayores fortunas de la época, ese ritmo arruinó al noble.

Debía recuperar el capital si quería seguir manteniendo aquel tipo de vida, así que se llevó a su castillo a un italiano llamado Preslati que era uno de los más célebres especialistas en la piedra filosofal. Gilles pretendía dar con aquel prodigio alquímico que permitiera convertir cualquier material en oro. Creó un laboratorio inmenso y solicitó la ayuda de otros alquimistas europeos. Sin embargo, sus investigaciones no llegaban a buen puerto y entonces decidió hacer un pacto con el diablo. Se dice que llegó a citar a Satanás en su testamento como beneficiario de sus bienes, especificando, eso sí, que no le cedía su alma.

Para sellar ese pacto, empezó a celebrar misas negras. Su primer asesinato fue una ofrenda para el diablo. Le extrajo el corazón y los ojos a su víctima y le cortó las muñecas para conseguir su sangre. No consiguió el oro, pero experimentó un increíble placer que le condujo a una escalada criminal deleznable.

Secuestraba niños de Nantes y de los alrededores o se llevaba a pequeños mendigos a su palacio. Una vez allí, los torturaba hasta la muerte. Solía colgarlos de un gancho para escuchar sus súplicas, entonces fingía que los rescataba para luego degollarlos. Violaba los cadáveres y utilizaba sus órganos para rituales alquímicos.

Cuando daba por finalizado el trabajo, dormía largas horas. Después ordenaba pintar las cabezas arrancadas y con sus amigos organizaba un concurso de belleza. Se estima que asesinó a doscientos niños y adolescentes.

Evidentemente, aquellas desapariciones empezaron a inquietar a la población. Pero como sus víctimas eran escogidas entre las clases desfavorecidas, las autoridades no hicieron mucho caso de las protestas.

Finalmente, los rumores llegaron a Jean de Malestroit, el obispo de Nantes, que ordenó que se llevara a cabo una discreta investigación. Guilles era un noble con una considerable fortuna, por lo que no podía desafiar su poder.

Sin embargo, aquella amenaza tan sólo espoleó al barón. El día de Pentecostés de 1440, entró en la Iglesia de Saint Etienne de Mer Norte con sesenta hombres armados y se llevó a un fraile llamado Jean le Feron que le había procesado por comprar un terreno. Interrumpir una misa era considerado un sacrilegio que no podía quedar sin castigo.

El 13 de septiembre, el obispo acusó al hombre de herejía, asesinatos de niños, pactos con el diablo y crímenes contra natura. El 15 de septiembre fue detenido sin que opusiera ninguna resistencia.

El juicio se llevó a cabo durante un mes en el castillo de Nantes. Al principio Gilles de Rais negó todos los crímenes y trató con desdén a sus interrogadores. Pero al cabo de un tiempo cambió de actitud y se declaró culpable del asesinato de trescientos niños.

Esta confesión no fue arrancada mediante la tortura, sino que fue fruto de un auténtico arrepentimiento. Ante una gran multitud, el 22 de octubre de 1440 pidió perdón por sus actos:

«Por mi ardor y deleite sensual he cogido y hecho coger a tantos niños que no sabría precisar con exactitud el número. Los he matado y he cometido con ellos el pecado de sodomía lo mismo antes que después de su muerte, pero también durante ella».

Su confesión fue ejemplar, pidió disculpas a los padres de sus víctimas y pidió que nadie siguiera su ejemplo.

El 26 de octubre de 1440 fue ahorcado junto a dos de sus cómplices. En estos casos la práctica habitual era quemar el cadáver y reducirlo a cenizas. Dado que se trataba de un nombre de alta alcurnia y que había mostrado su arrepentimiento, sólo fue quemado parcialmente antes de ser enterrado.

Vlad Tepes, el mito de Drácula

Cuando Bram Stoker escribió la célebre novela *Drácula* lo hizo basándose en las leyendas que circulaban en Rumanía sobre el célebre Vlad *el Empalador*. Este personaje que ha pasado a la historia como el padre de los vampiros fue uno de los asesinos más despiadados que recuerda la historia de la humanidad.

A Vlad Tepes III se le conoció en Rumanía como *el Empalador* (*tepes* significa empalador en rumano). Los historiadores no se ponen de acuerdo a la hora de describir al personaje. Para unos fue un héroe de su país, defensor a ultranza de los sueños independentistas de su pueblo. Otros, en cambio, lo ven como un ser sádico y depravado que luchó tan sólo por el placer de poder torturar salvajemente a sus víctimas. Vlad era uno de los tres hijos que tuvo el príncipe de Valaquia conocido como Vlad II, apodado el *Diablo* (*dracul* en rumano). Éste apodo es el que heredó, por derecho propio, su hijo Vlad. Sus hermanos eran Mircea y Radu.

Vlad nació en Transilvania, en la ciudad de Sighisoara. Tuvo, sin lugar a dudas, una infancia ciertamente dura. Lo educaron como un ferviente cristiano, pero su propio padre, cuando tenía trece años, lo dio como rehén a los turcos, que lo tuvieron retenido desde 1444 hasta 1448. En ese período, tuvo que convivir con un pueblo que hablaba otra lengua, tenía otras costumbres y profesaba otra religión. La razón por la que su padre lo abandonó fue para que sirviera de baza con los turcos con los que guerreaba. Al darles a su hijo, se comprometió a no atacarlos. Sin embargo, con los años, rompió su promesa e inició hostilidades con ellos. El sultán otomano estuvo a punto de sentenciarlo a muerte, pero finalmente le perdonó la vida.

Los propios turcos ayudaron a Vlad a hacerse con el poder del sur de Rumanía en batallas que tuvieron lugar entre los años 1456 y 1462. En aquel tiempo, Vlad y sus tropas mataron a 100.000 personas de las 500.000 que vivían en la zona.

Vlad era un psicópata especialmente sádico que disfrutaba con las orgías de sangre. Una de sus costumbres, por ejemplo, era comer rodeado de moribundos y cuerpos que previamente había torturado. Muchas veces mojaba el pan con la sangre de las víctimas, lo que sirvió para crear la leyenda vampírica que le ha acompañado hasta nuestros días. En algunas ocasiones recogía la sangre de los hombres agonizantes y la ponía en un cuenco, para seguir degustándola tranquilamente en sus aposentos.

En estas cenas le encantaba que otros nobles le acompañaran. Cuenta la leyenda que en una ocasión uno de sus invitados se tapó la nariz porque no podía aguantar el terrible hedor que desprendían los cuerpos. Vlad se tomó aquel gesto como una falta de respeto y ordenó que empalaran al noble en una estaca bien alta para que la brisa le impidiera oler la podredumbre de las otras víctimas.

Otras de sus torturas célebres fue la que le impuso a una comitiva del sultán. Los enviados se arrodillaron ante el príncipe, pero no se quitaron sus turbantes. Vlad les preguntó por qué se los habían dejado puestos y los hombres le contestaron que se debía a las costumbres de su país. *El*

Empalador dijo que les ayudaría a conservar sus costumbres y mandó que les fijaran los turbantes con pequeños clavos en la cabeza. Cuando medio moribundos se volvieron a su país, les advirtió que no intentaran nunca más imponer sus tradiciones en las tierras que él gobernaba.

El 11 de enero de 1462 le escribió una carta al nuevo soberano húngaro Matías Corvino en la que explicaba que había acabado con 24.000 enemigos. Para dar cuenta de su victoria, había hecho cortar y amontonar las cabezas de los muertos, sin contar los que habían muerto porque habían quemado sus casas.

Estos métodos conseguían que los turcos estuvieran completamente desmoralizados ante el terror que imponía el príncipe psicópata. Muchos de ellos prefirieron abandonar Estambul ante el temor de que Vlad conquistara la ciudad, que acababa de pasar a manos turcas. Hacía pocos años de esta conquista y muchos recordaban el esplendor del imperio bizantino. Por ello, no hubieran dudado en levantarse contra sus dominadores, pues aún quedaba gente que recordaba el espléndido período bizantino.

La crueldad de Vlad no conocía freno y cuanto más poder acumulaba, más terribles eran las torturas que inflingía a la población. En 1456, antes de llegar al trono, congregó en su palacio a 500 súbditos. Para dar escarmiento, los empaló a todos y dejó que sus cuerpos se descompusieran a las puertas del palacio. No le importó que hubiera mujeres y niños, todo su pueblo debía temerle o emigrar a otro lugar.

Vlad estaba completamente obsesionado con que sus súbditos trabajaran a todas horas y sus soldados fueran bien aseados. Había asesinado a muchos por creer que estaban ociosos o considerar que no estaban suficientemente arreglados.

Un día se encontró a un soldado que llevaba una camisa demasiado corta y unos pantalones rotos. Le preguntó si estaba casado y éste contestó que sí. Entonces le dijo que su mujer no se preocupaba suficiente de él y que debía morir. El pobre hombre pidió clemencia, pero ya era demasiado tarde. El Príncipe había dado la orden a sus soldados que llevaran a la mujer a palacio y la empalaron. Vlad, ante la consternación del soldado, le dijo que no se preocupara, que él le buscaría una nueva mujer que le cuidara como se merecía. Trajeron a una joven del pueblo y le ordenaron casarse con él. La mujer se negó y entonces le enseñaron el cadáver de la primera esposa y le dijeron que si no cuidaba de su futuro marido, aquél era el final que le esperaba. Cuenta la tradición oral que no sólo aceptó el matrimonio obligado, sino que trabajó toda su vida para su esposo.

En 1476, el rey húngaro Matías Corvino se puso en contra de Vlad y lo encerró en una prisión de Budapest. Aquél fue, seguramente, el tiempo más difícil de soportar para el sanguinario noble. Seguía teniendo ganas de matar y no podía hacerlo. Así que se dedicaba a torturar ratones a los que empalaba y dejaba agonizar durante días. Con el tiempo, consiguió que los carceleros se dejaran sobornar y le trajeran pájaros a los que desplumar con sadismo.

No se conocen exactamente las causas por las que liberaron a Vlad de su cautiverio. Seguramente, ante la amenaza turca, el rey prefirió tener a un loco al mando y ganar, que correr el riesgo de perder. Se sabe que intervino en la batalla de Vaslui (en la región de Jashi, Moldavia) el 10 de enero de 1475, formando parte de las tropas enviadas por el rey de Hungría.

Todas estas circunstancias hicieron que Vlad recuperara su trono el 11 de noviembre de 1476. Semanas más tarde, los turcos le sorprendieron por sorpresa con una escolta de sólo doscientos hombres (sólo vivieron diez para contarlo) y le dieron muerte. Los turcos cortaron la cabeza de Vlad y la enviaron a Estambul para que fuera exhibida. En el trono le sucedió su hermano Radu, que reinó hasta septiembre de 1500.

Después de la muerte de Vlad, se creó la leyenda del famoso conde Drácula. Entre las gentes del pueblo había quedado tan enraizado el sentimiento de terror que no podían creer que se hubieran librado de su sanguinario mandatario. Su afición a la sangre y algunas historias que explicaban que había hecho un pacto con el diablo, dieron lugar a la tradición popular de los vampiros.

Posteriormente, Bram Stoker, se basó en esas leyendas para crear uno de los personajes más aterradores de la historia de la literatura: el conde Drácula.

Erzsebet Báthory, la condesa sangrienta

En la mayoría de ocasiones, cuando nos referimos a psicópatas, pensamos automáticamente en un hombre. Pero no es cierto que no haya mujeres que se hayan convertido en asesinas en serie. Sin duda, si entre todas ellas destaca alguna, ésta es Erzsebet Báthory, una condesa que llegó a unos niveles de crueldad inimaginables.

Nacida en el año 1560 en el seno de una adinerada y noble familia, Erzsebet era prima del Primer Ministro de Hungría y sobrina del rey de Polonia. Pese a la alta alcurnia de su familia, también se rumoreaba que en el seno de la misma abundaban miembros que se dedicaban a practicar el culto a Satán. Parece ser que la propia nodriza de Erzsebet la inició en estas lides.

Erzsebet Báthory contrajo matrimonio en 1575, cuando tenía quince años, con Ferencz Nádasdy, uno de los mayores señores de la región. La boda fue un gran triunfo para la política del momento, pues se unían dos nobles con fortunas imponentes y grandes posesiones. El mismo emperador de Alemania, Maximiliano II, envió varios regalos de gran valor a la novia para celebrar la unión.

Después de la boda, la joven pareja se instaló en Csejthe, uno de los diecisiete castillos que poseían en los Cárpatos. Esta fortaleza lúgubre, encaramada en lo alto de una montaña, se iba a convertir en el escenario de horripilantes crímenes que demuestran lo lejos que puede llegar la barbarie humana.

Desde joven, la condesa dio muestras de gran crueldad. Descubrió, por ejemplo, que el dolor de cabeza que padecía remitía cuando mordía a sus sirvientas. Así que se dedicó a prodigar mordiscos con saña. A veces, incluso, se llevaba un trozo de piel.

Parece ser que Erzsebet se aburría en el castillo cuando su marido se ausentaba. Así que en una de esas ocasiones, se fugó con un noble al que todos llamaban «el vampiro» por su extraño aspecto. No se sabe si el joven noble reveló algunos secretos esotéricos a la dama o se trató, tan sólo, de una aventura amorosa. Al cabo de unos días, regresó al castillo. Desde entonces, empezó a mantener relaciones lésbicas con sus doncellas. Eran conocidas sus orgías con las bellas mujeres que tenía a su servicio.

El marido de Erzsebet no ponía ningún inconveniente a las aficiones de su mujer, de hecho, las consideraba travesuras. Algunas de esas «chiquilladas» consistían en pinchar a las costureras para ver como sangraban o untar a una sirvienta en miel y exponerla a las picaduras de las hormigas. Esos pasatiempos, con el paso de los meses, fueron incrementándose en sadismo y crueldad sin que su esposo se inmutara.

Los años pasaban y Erzsebet empezó a obsesion rse con la idea de envejecer. Había sido una de las mujeres ás bellas de su época y aún después de tener cuatro hijos conservaba su encanto. Sin embargo, ella no parecía satisfecha y quería encontrar un método para detener el paso del tiempo. No soportaba que ninguna mujer bella le hiciera competencia, por lo que las maltrataba con saña. Por todo ello, empezó a obsesionarse con los temas esotéricos. Para librarse de las arrugas, utilizó filtros mágicos que elaboraban para ella las brujas del pueblo.

En 1604 quedó viuda y se convirtió en la propietaria 'e todas las posesiones. A partir de ese momento, empezó a dejar fluir sin ningún tipo de cortapisas sus instintos sádicos, convirtiendo su morada en una casa de los horrores.

Se dice que había oído que la sangre de una joven doncella era el mejor medio para combatir el paso del tiempo y la casualidad le llevó a comprobar que aquello era cierto. Un día abofeteó con furia a una sirvienta porque le había estirado del pelo mientras la peinaba. La sangre de la criada rozó la mano de la condesa y ésta sintió que su piel se rejuvenecía y se volvía tersa como antaño. Inmediatamente, ordenó que le cortaran las venas a la infortunada y la dejaran desangrándose en una bañera para que ella pudiera tomar un baño con su sangre. Esa fue la primera víctima de una larga lista.

A partir de ahí, empezó su vorágine de torturas que duró diez años. Con la ayuda de tres brujas de los alrededores del castillo y de su enano bufón, Ficzk, empezaron a capturar doncellas a las que luego sometían a terribles y despiadados suplicios.

Al principio, era un **pasatiempo ocasional**, pero poco después el ritmo se volvió frenético. Cada semana llevaban a unas cinco jóvenes al castillo. Las encerraban desnudas en los calabozos donde las pobres pasaban un frío atroz. A veces, les obligaban a comer carne quemada de sus compañeras de martirio. A la condesa le gustaba azotarlas hasta la muerte o quemar sus pechos o sus genitales con hierros al rojo. Ella misma o sus esbirros las torturaban hasta morir.

Para los baños de sangre, mandaba que en el piso superior a sus aposentos les cortaran las venas a las jóvenes y así, por un orificio, la sangre caía caliente sobre su cuerpo. Previamente, les hacía coser los labios para que sus gritos no interrumpieran el placentero baño. Después, no quería utilizar paños para secarse, temiendo que éstos dañaran su piel. Así que obligaba a sus sirvientas a lamerla hasta que estuviera seca. Si las criadas demostraban que aquello les daba asco, las mandaba torturar. En cambio, si hacían bien su trabajo, las recompensaba en sus orgías lésbicas.

Una de sus torturas preferidas era empapar en agua a las doncellas para que el líquido se congelara y se quedaran emparedadas en el hielo. También tenía una estatua hueca, llena de cuchillos, en las que solía encerrarlas para que se desangraran. Después podía recoger la sangre, todavía caliente, y bañarse en ella.

A veces, mantenía durante años con vida a sus víctimas más jóvenes y bellas. Solían extraerles sangre para que la condesa pudiera beberla. Con los cadáveres, los hechiceros del palacio practicaban rituales alquímicos y misas satánicas, convencidos de los beneficios que para aquellos menesteres tenían las ofrendas humanas.

La propia condesa se paseaba por el pueblo con un carruaje negro para captar a sus víctimas. Les prometía un buen empleo y las llevaba a palacio. Nunca volvían a salir con vida. Con el tiempo, los vecinos empezaron a temer al siniestro carruaje y les desaconsejaban a sus hijas que confiaran en la señora del castillo. Muchos habían escuchado los terribles gritos que se oían allí.

Los campesinos de la región no querían que sus hijas fueran a ese lugar bajo ningún pretexto. Al principio, los secuaces de Erzsebet enterraban los cadáveres, pero después los dejaban a la intemperie para las alimañas y los buitres. No se sabe si esto formaba parte del ritual o simplemente fue la desidia o la incapacidad de almacenar tantos cuerpos sin vida.

Los habitantes del pueblo empezaron a quejarse, pero el Rey no quería intervenir, dado el elevado rango de Erzsebet. Los pueblerinos empezaron a vigilar las inmediaciones y descubrieron los cadáveres de cuatro jóvenes. Con estas pruebas, iniciaron una revuelta y le exigieron al monarca que interviniera.

Finalmente, en el año 1610, el rey Matías envió al castillo una tropa de soldados capitaneados por el primo de

Erzsebet para descubrir qué es lo que realmente estaba ocurriendo. Lo que allí encontraron no dejaba lugar a dudas: las sospechas de los campesinos eran ciertas. En la sala principal, había una mujer desangrada, otra muerta por los azotes y las quemaduras y una tercera que aún conservaba la vida, pero que había sido salvajemente torturada. Los soldados descubrieron más de cincuenta cadáveres. En el momento en el que entraron, la condesa y los hechiceros estaban llevando a cabo un ritual satánico.

La condesa negó la evidencia e intentó huir, pero fue detenida. Entre las pruebas, se encontró un arsenal de instrumentos de suplicio y una libreta con el nombre de todas las víctimas: 610 muchachas habían perdido la vida en el tenebroso castillo durante los últimos diez años. Las tres brujas que ayudaban a la condesa fueron quemadas en la hoguera y el enano fue decapitado. Sin embargo, como ella ostentaba un alto rango, no fue ajusticiada de ninguna de estas maneras. Se la condenó a morir lentamente. Fue emparedada en su habitación y tan sólo se dejó una ranura en la pared a través de la cual le llegaban sobras de alimentos y algo de agua. Nunca intentó comunicarse con nadie. Cuatro años después, en 1614, a la edad de cincuenta y cuatro años, murió. Parece que fue una especie de suicidio, puesto que renunció a comer hasta que falleció de inanición.

Marie Madeleine d'Aubrey, la marquesa envenenadora

Siguiendo con la lista de mujeres despiadadas nos encontramos con la marquesa Brinvillier-La-Motte, una mujer fría y calculadora que cometió numerosos crímenes sin presentar, nunca, atisbo de arrepentimiento.

Este caso intriga a los criminólogos, puesto que no se ponen de acuerdo en si se puede considerar una psicópata o no. Casi todos los crímenes que cometió fueron con una finalidad específica, por conseguir un beneficio inmediato. De todas formas, la frialdad que demostró y la total falta de sentimientos de culpa o empatía hacen que pensemos que se trataba de una psicópata.

Marie Madeleine nació el 22 de julio de 1630. Era la mayor de cinco hermanos y su padre, Antoine Dreux d'Aubrey, era un destacado noble y un prohombre francés.

De pequeña recibió una educación intelectual, pero escasearon los valores éticos o religiosos. Se sabe que perdió la virginidad con sus hermanos cuando sólo contaba con siete años.

De naturaleza ardiente y liberal, esta joven de escasa estatura, ojos azules y cabello castaño, antepuso siempre su vida licenciosa a cualquier otra consideración.

Se casó con veintiún años (1651) con Antoine Cobelin de Brinvilliers, barón de Nocerar, con una considerable fortuna, que también compartía la pasión de su mujer por una vida liberal en la que no se contemplaba la fidelidad. Por ello, no le importó demasiado que Marie tuviera un amante. Se trataba de un bastardo de buena familia llamado Godin Saint Croix que, a la sazón, era amigo de Antoine.

Sin embargo, pese a que al esposo no le importaba en absoluto que su mujer tuviera devaneos, el padre de ésta la juzgaba con más severidad. Como no consiguió que le obedeciera, finalmente logró que el 19 de marzo de 1663 el joven fuera detenido en la Bastilla.

En la cárcel, Saint Croix estableció amistades peligrosas. En concreto, se hizo íntimo de un hombre italiano llamado Exili, que lo sabía todo acerca de los venenos. Exili había estado al servicio de la Reina Cristina de Suecia y, finalmente, en París, había dado con sus huesos en la cárcel por la preparación de venenos.

Poco después que Saint Croix saliera de la cárcel recibió la visita de Exili, que se había escapado y se fue a vivir con él.

La marquesa volvió con su amante y conoció a este hombre que lo sabía todo sobre el arte de envenenar.

Marie estaba profundamente dolida con su padre por haber encarcelado a su amante y sabía que volvería a intentar poner freno a su relación. Así que planeó la venganza: poco a poco lo envenenaría. Sin embargo, antes de intentarlo, debía estar segura del efecto que tendría la sustancia.

Así que empezó a hacer pruebas macabras. Acudía a los hospitales y le llevaba comida y dulces a los infortunados enfermos. En el interior de los regalos, había colocado el veneno y, fingiendo interesarse por su estado, podía contemplar los efectos que ejercía en ellos.

En este período de pruebas también envenenó a dos criados. Quería estar segura de que la fórmula no iba a dejar pruebas en la autopsia. Cuando estuvo completamente segura de la efectividad de la fórmula, procedió a envenenar a su progenitor.

Empezó a administrar la mortal sustancia y su padre notó terribles molestias. Para intentar recuperarse de la enfermedad, el 13 de junio de 1666 le pidió a su hija y a sus nietos que le acompañaran a pasar unos días a una de sus fincas. La paciente Marie le administró una treintena de dosis venenosas. El pobre hombre empeoró: tenía violentos vómitos y tuvo que ser trasladado a París para que lo examinaran los galenos de la capital.

Nadie podía encontrar la causa de su dolencia. Después de ocho meses de envenenamiento, murió el 10 de septiembre de 1666 y la autopsia concluyó que las causas habían sido naturales. A Marie le correspondió una parte de la fortuna paterna, que rápidamente despilfarró.

Libre de la figura censora de su padre, se entregó con frenesí a diferentes amantes. Tuvo dos hijos con Saint Croix y uno con un primo suyo. También vivió una apasionada aventura con el profesor de sus hijos. Los amantes se sucedían, pero ella era extremadamente celosa. No soportaba que su marido tuviera relaciones con otras mujeres y tampoco llevaba muy bien que su antiguo amante, Saint Croix, rehiciera su vida.

Pero esta no era la mayor preocupación de Marie: se había arruinado y quería más dinero para mantener su nivel de vida. Así que decidió envenenar a dos de sus hermanos, que vivían en la misma casa. Consiguió que contrataran a un criado que estaba compinchado con ella. El primer hermano tardó tres meses en morir, aquejado de terribles vómitos y perdiendo mucho peso. El otro hermano murió tres meses después y la autopsia reveló que había sido envenenado. Nadie sospechó del criado, puesto que su amo le dejó una gran cantidad de dinero, demostrando su ciega confianza en él. En ese tiempo, Marie intentó envenenar a su propia hija, puesto que le parecía muy tonta. Sin embargo, luego se arrepintió y le dio leche para combatir el efecto del veneno.

Marie se enorgullecía de sus acciones y les explicaba a sus amantes sus fechorías. Saint Croix guardaba cartas comprometedoras y tuvieron una fuerte discusión cuando intentó chantajearla. El antiguo amante intentó envenenarla, pero ella se dio cuenta y bebió ingentes cantidades de leche para neutralizar el efecto. De todos modos, estuvo unos cuantos meses convaleciente a resultas del poderoso veneno.

Cuando se recuperó, decidió quitar de en medio a la amante de su marido, la señora Villeray, y la envenenó. También quiso deshacerse de su marido, pero finalmente siempre se arrepentía y entonces lo cuidaba y le administraba antídotos.

En esa época se dio cuenta que había sido demasiado indiscreta confesándole sus acciones criminales a su amante, el profesor de sus hijos. Así que intentó matarlo en tres ocasiones con ayuda de Saint Croix, pero las tres tretas fallaron. También amenazó a su hermana y a su cuñada, que seguían criticándola por su comportamiento liberal.

El azar quiso que finalmente fuera descubierta. Saint Croix murió accidentalmente cuando inhaló uno de los venenos que preparaba. La marquesa intentó recuperar las cartas que la inculpaban en los asesinatos, pero no lo consiguió. El inspector de policía encontró las inculpadoras cartas. Primero detuvieron al sirviente que había envenenado a los hermanos de Marie, que bajo tortura confesó todos los crímenes de su señora. La viuda pidió que fuera detenida, pero Marie ya había huido a Inglaterra. El 24 de mayo de 1673 el sirviente murió aplastado por la rueda de torturas.

En Inglaterra la asesina llevaba una vida muy por debajo del nivel al que estaba acostumbrada. El rey Luis XIV se interesó personalmente por el caso y le pidió al monarca inglés la extradición. Sin embargo, cuando éste dio la orden, Marie ya había huido a los Países Bajos.

El 26 de marzo de 1676 fue detenida. Estaba escondida en un monasterio de Lieja y el capitán Degrez se disfrazó de abad y le ofreció una cita amorosa con un joven que supuestamente estaba interesado en ella. La díscola marquesa acudió a la cita y entonces fue apresada.

El 29 de marzo ingresó en la prisión de Maastricht. Intentó en vano suicidarse en tres ocasiones: tragando cristal molido, ingiriendo alfileres e insertándose una vara en la vagina. Fue curada y entonces intentó varias veces escapar, pero también fracasó. El 26 de abril fue trasladada a París. El 29 de abril de 1676 empezó el proceso. Marie negó con obstinación todos los cargos que se le imputaban. Se le acusó de asesinatos, sodomía e incesto. El profesor de sus hijos declaró en su contra. Durante el juicio le dijo, llorando: «Os advertí muchas veces, señora, de vuestros desórdenes, de vuestra crueldad y que vuestros crímenes os perderían». Ella le contestó: «Siempre habéis sido un cobarde, Briancourt, y ahora tampoco tenéis valor. Lloráis».

Durante todo el juicio, Marie demostró una gran frialdad y negó todos los cargos. Finalmente, el 16 de julio de 1676 se leyó la sentencia:

«La Corte ha declarado a la dicha d'Aubrey de Brinvilliers culpable de haber envenenado a su padre A. Dreux d'Aubrey y haber hecho envenenar a sus dos hermanos y atentado contra la vida de su hermana. Por ello se la condena a presentarse en la puerta principal de la iglesia de Notre Dame de París, con los pies desnudos, la cuerda al cuello, manteniendo en sus manos una antorcha ardiente de dos libras de peso y allí de rodillas declarar que por venganza y para apoderarse de sus bienes envenenó a su padre, a sus dos hermanos y atentó contra la vida de su hermana, de todo lo cual se arrepiente y pide perdón a Dios, al Rey y a la Justicia. Y en la plaza de la Grève de esta villa le cortarán la cabeza en el cadalso levantado en la dicha plaza. Luego su cuerpo será quemado y las cenizas esparcidas».

Durante aquellos días y dada la actitud altiva de la acusada, se le encargó al abad Pirot intentar conseguir el arrepentimiento de la víctima. Al principio, ella se mostró reacia, pero con el tiempo y la paciencia del abad, finalmente acabó confesando su culpa. Escribió una carta a su marido y a sus hijos disculpándose por haber ensuciado su nombre.

Tras la lectura de la sentencia, la ley decía que la acusada tenía que ser torturada para que confesara sus crímenes. Ella dijo que no era necesario y que gracias a Pirot estaba ya dispuesta a proporcionar detalles sobre sus fechorías. Sin embargo, la ley obligaba a que padeciera el suplicio. Le tocó uno de los peores que había: la tortura del agua. El reo era obligado a ingerir grandes cantidades de agua, por lo que sus intestinos se dilataban, padeciendo terribles y dolorosos espasmos. Marie confesó todo lo que había hecho y explicó la composición de los venenos que utilizaba.

Después, fue condenada al cadalso ante una multitud que la insultaba por sus horrendos crímenes. Antes de morir, le pidió al abad que rezara por su alma y manifestó que hubiera preferido ser quemada para expiar con el dolor su culpa. Según escribió Pirot en un libro sobre la marquesa, ésta le dijo: «No os vayáis antes de que mi cabeza haya caído. Me lo habéis prometido. Os ruego me perdonéis el tiempo que os he quitado... Os ruego que digáis un *De Profundis* en el momento de mi muerte y mañana una misa. Rogad a Dios por mí».

Tras ser decapitada, su cuerpo fue llevado a la pira y sus cenizas fueron esparcidas entre la multitud.

CAPÍTULO VII

ASESINOS MODERNOS

Hasta el momento hemos repasado los casos más célebres de la antigüedad. Sin embargo, en ese momento ni tan siquiera se habían acuñado términos como «psicópata» o «asesino en serie». Las sociedades antiguas veían estas acciones como fruto de la crueldad de un noble excéntrico. Seguramente, también se cometían crímenes crueles de la mano de psicópatas menos adinerados. Pero evidentemente sus acciones eran siempre más discretas y no acababan con esas orgías de sangre que los ricos se podían permitir.

Sin embargo, el caso de Jack *el Destripador* creó un nuevo concepto. Las ciudades se convirtieron en el paraíso anónimo de mentes perturbadas que podían cometer con impunidad sus crímenes.

Jack fue el más famoso, seguramente porque nadie nunca pudo capturarlo. En cambio, sus herederos, tensaron tanto la cuerda que al final fueron detenidos por sus perseguidores.

Ello nos ha permitido tener información de primera mano sobre qué pensaban y cómo actuaban estos criminales. El tema, desde Jack *el Destripador*, ha interesado a la prensa. La mentalidad criminal fascina y aterra de igual modo a los lectores. Por ello, poseemos una extensa información sobre estos asesinatos. De hecho, cuando finalmente un asesino en serie es apresado, confiesa sin ningún tipo de vergüenza sus crímenes y aporta detalles sobre ellos. En cierto modo, les gusta fanfarronear sobre lo que han hecho, por lo que aportan todo tipo de detalles sobre cómo fraguaron sus horrendos crímenes.

Todo ello ha contribuido a recopilar interesante información sobre su *modus operandi*. Como se comentaba en el primer capítulo, la criminología ha podido evolucionar al ritmo de sus confesiones. De todos modos, éstas siguen sin servir para identificar a individuos que tal vez en este mismo momento están matando a víctimas inocentes simplemente por el placer de asesinar.

A continuación, repasaremos la historia de estos personajes tristemente célebres.

Henri Désiré Landrú, el mataviudas

Seguramente este hombre pudo seguir en la prensa los asesinatos de Jack y en cierta forma comprendería sus razones. Tal vez, incluso, pudo convertirse en un modelo para él. Sin embargo, su forma de asesinar era completamente diferente. Él no buscaba el asesinato de una víctima anónima en mitad de la noche, sino que seducía a las incautas con mentiras que elaboraba durante meses. Pese a no ser un hombre especialmente atractivo, se convirtió en un letal seductor de viudas. Sus exquisitos modales, sus promesas de matrimonio y su fingida preocupación hacían que las víctimas creyeran una tras otra sus mentiras.

Landrú nació en París en 1869, en el seno de una familia modesta: su padre era industrial y su madre costurera. Era un hombre bajito, de aspecto inofensivo y modales impecables. A los veinte años tuvo que casarse con una prima, Marie Remy, que se había quedado embarazada de él. Tras la boda, tuvo que ir a la guerra para cumplir con sus obligaciones militares.

Entre 1902 y 1914 cometió algunos delitos menores que le llevaron a la cárcel. Su padre no pudo soportar aquella ignominia y acabó suicidándose. Sin embargo, aquel hecho no hizo recapacitar al joven. Había empezado con estafas, pero quería llegar más lejos.

Para Landrú, la Primera Guerra Mundial (1914-1918) le brindó un escenario ideal para el delito. Cada día morían cientos de soldados, por lo que había igual número de viudas desamparadas, muchas de ellas con una buena situación económica. Cada día se publicaban en los diarios las listas de bajas, lo que era una fuente de información de primer orden para el futuro asesino. Esta lectura fue para Désiré una revelación. Comprendió que un hombre como él, atractivo y joven aún, podía aprovecharse de esta situación. No tenía ningún escrúpulo: quería quedarse con la fortuna de las viudas y después asesinarlas para que no pudieran denunciarle.

Landrú trabajaba en un garaje de Neuilly como vigilante y administrativo y residía con su familia en Clichy. Su mujer tenía algunas sospechas, porque el comportamiento de su esposo era, cuanto menos, extraño. Por ejemplo, le pidió que en aquella residencia le llamara Françoise Petit. No le dio más explicaciones y la mujer que no tenía otra queja que aquellas conductas un tanto excéntricas, no le dio más importancia. También descubrió que en el taller en el que trabajaba se hacía llamar Fremyet.

Landrú cada vez se ausentaba más a menudo. La razón de aquellas salidas eran las relaciones paralelas que tenía con viudas. Sin embargo, como se comportaba muy bien con la familia, su esposa se acabó acostumbrando a aquella extraña situación.

En 1914 escribió un anuncio en el diario en el que decía: «Señor serio desea casarse con viuda o mujer incomprendida de 35 a 40 años». La guerra y la soledad provocaron que recibiera un aluvión de respuestas. Minuciosamente las clasificó y puso S.F. (sin fortuna) en todas aquellas que por suerte no recibieron su respuesta. Con las que presumiblemente tenían buenos ingresos, empezó a cartearse para obtener mayor información y asegurar el tiro.

Su primera víctima fue la viuda Jeanne Cuchet de treinta y nueve años, que vivía con su hijo de diecisiete. La pobre mujer tenía necesidad de afecto y fue una víctima ideal para el psicópata, que se presentó como un hombre cariñoso y atento. Utilizó una identidad falsa: se hacía llamar Diard y decía ser inspector de correos. Le explicó que era de Lille y que había vivido con su difunta madre hasta que la ocupación alemana le había obligado a huir. El hijo de la dama no vio con muy buenos ojos al pretendiente de su madre, pero Landrú intentó comportarse como un caballero galante y seducir a su víctima para que ella disipara los temores del niño. Con la excusa de los bombardeos que sufría la ciudad, les propuso, por su seguridad, trasladarse a un apartamento que había alquilado en Vernouillet. Durante seis meses, consiguió, con diferentes excusas, irse haciendo con la fortuna de la viuda. Un día hizo una hoguera con los muebles del apartamento y se fue. Madre e hijo desaparecieron sin que nunca más se supiera de ellos.

Tras esto, Landrú volvió a su hogar y siguió trabajando de mecánico y llevando una vida aparentemente normal. Seguramente, el éxito de su primer crimen le animó a seguir con su carrera delictiva y decidió buscar un método para atraer a sus víctimas: montó un negocio de contratación de empleadas para cuidar de señoras o niños. De esta forma conoció a su segunda víctima, que aún tenía más dinero que la anterior y dicen que además era una mujer muy bella. La desafortunada se llamaba Laborde-Line y Landrú se presentó como Dupont, empleado del servicio secreto. Pronto se ganó la confianza de la mujer y le recomendó, por su seguridad, que fuera a vivir lejos de París. La llevó al apartamento que había alquilado y se quedó como responsable de gestionar todos sus ingresos. Al poco, los vecinos del pueblo volvieron a ver una hoguera y nunca más se supo de la mujer que le había acompañado.

En Vernouillet empezó a correr la historia que efectivamente el tal Dupont era una agente secreto, por lo que nadie hacía demasiadas preguntas sobre sus extrañas actividades. Tampoco ningún vecino dijo nada cuando volvió a preparar una tercera hoguera. Sin embargo, el asesino no quería tentar a la suerte y dejó el piso para cambiar de zona.

Alquiló otro nuevo apartamento en Gambais, un pueblo que carecía de electricidad. Allí llevaba a sus víctimas los domingos a pasar un romántico día en la campiña. El resto de la semana se comportaba como un padre amantísimo y un esposo atento que le regalaba continuamente joyas a su mujer. Ésta no solía preguntarle la procedencia de aquellos caros regalos que no podía permitirse con el sueldo que ganaba en el garaje.

En la casa de Gambais instaló un enorme horno. Según explicó, lo necesitaba porque era inventor y estaba a punto de conseguir un logro que acabaría con todas las guerras. Ante tal premisa, nadie osaba molestarle. Sin embargo, de vez en cuando, salía una extraña humareda que acabó por levantar las sospechas de los vecinos.

Landrú tuvo la casa de Gambais entre 1916 y 1919. No le costó conseguir viudas que le siguieran como corderitos al matadero. Llegó a tener varias historias paralelas y su habilidad para cambiar de identidad le permitió que nunca fuera descubierto por ninguna de las damas. Nadie sabe a cuantas mujeres mató, algunas fuentes consideran que son diez los crímenes probados, mientras otros creen que la cifra alcanzó los cien. Tan sólo hizo una excepción en sus víctimas. A Andrée Babelay no la escogió por su dinero. Era una chica de diecinueve años, guapa y sin fortuna que tuvo la mala suerte de encontrarse con el asesino en el metro. Tuvo una relación con ella y la llevó a Gambais. Nunca más se volvió a saber de Andrée.

Los vecinos, finalmente, empezaron a sospechar. La guerra había acabado y el invento ya no le servía como excusa. Para no tener que responder a las preguntas cada vez más constantes, dejó la residencia y se volvió a su casa.

Sin embargo, los parientes de las víctimas habían empezado a denunciar su desaparición. Los primeros fueron los familiares de madame Laborde-Line que contactaron con el inspector Jean Bolin y le explicaron que había sido vista con un supuesto pretendiente que era más bien bajito, con barba en punta y voz grave.

Las denuncias de las otras familias afectadas no tardaron en llegar. Los parientes de madame Collomb, la quinta novia de Désiré, escribieron una carta al alcalde de Gambais para obtener más información sobre un tal Dupont, con el que se había visto a la viuda antes de desaparecer. La familia Buisson buscaba a un tal Frémyet en Gambais.

La policía empezó a buscar al presunto asesino por todo París, pero no tenían ninguna pista. Por aquel entonces, Landrú se había alquilado un apartamento separado de su familia y seguía cortejando viudas. Cambiaba rápidamente de identidad, por lo que era harto improbable que cometiera algún error que permitiera su captura.

La casualidad dio un empujón a la labor policial. La hermana de madame Buisson reconoció a Landrú en una tienda de porcelanas acompañando a su siguiente víctima: Fernande Segret. Los agentes interrogaron al vendedor de la tienda y éste les dio la tarjeta que le había dejado el cliente. En ella ponía que se llamaba Lucian Guillet y aparecía la dirección de su apartamento.

El inspector Bolin esperó en el salón de la casa hasta que Landrú apareció. Desde el principio, negó todos los crímenes que se le imputaban. En la casa de Gambais se encontraron restos óseos, una lista de las idas y venidas en tren del asesino y un cajón en el que guardaba las muelas de oro de sus víctimas.

El proceso de Landrú duró dos años y se convirtió en una auténtica celebridad. Sus pulidos modales y su ironía con la prensa sedujeron a muchas mujeres que le enviaban propuestas de matrimonio y regalos a la cárcel. En las elecciones de 1919, 4.000 franceses le propusieron como candidato.

La acusación apenas poseía pruebas: los restos óseos habían sido calcinados y no se podía demostrar lo que para los investigadores era evidente.

Landrú apareció en todos los tabloides de la época, negando sus crímenes y mostrando una aguda inteligencia y un gran sentido del humor. Sus acusadores temían que saliera libre del juicio.

Además, contrató al mejor abogado de la época: Moro Giafferi, que en su primera declaración dijo que no sería la primera vez que se ejecutaba a un hombre inocente. Pero el talento del hombre de leyes y la sangre fría de su cliente no sirvieron para que se librara de la pena capital. El 22 de febrero de 1922 fue ejecutado en la guillotina, frente al palacio de Versalles.

Albert Fish, el monstruo

Poca gente ha oído hablar de él, pero su caso es digno de estudio. Es uno de los asesinos más despiadados que ha existido. Sin embargo, vivió en una época en la que los medios de comunicación no le dieron la atención que procuran ahora a los criminales de este tipo. Con el tiempo, su negra leyenda se diluyó y su nombre dejó de inspirar terror. Este caso tal vez no sea tan popular entre el gran público, pero sigue interesando a los psicólogos y psiquiatras especializados en psicopatías.

Nació en 1870 en una familia completamente perturbada. Se cree que su madre padecía esquizofrenia, por que siempre decía que oía voces. Su hermana estaba loca y su hermano era alcohólico. Dos tíos suyos estaban internados en un psiquiátrico. Visto lo visto, el material genético de Albert no era el idóneo, y además algunos hechos acabaron de traumatizar al niño. A los cinco años su padre murió y a falta de nadie responsable y en su sano juicio que pudiera hacerse cargo del pequeño, éste fue dejado en un orfelinato. Allí las cosas empeoraron, puesto que la directora disfrutaba golpeando el trasero desnudo de sus protegidos.

Todo ello le lleva, desde pequeño, a sentir una prematura obsesión hacia el sadomasoquismo. Le encanta recibir y dar dolor con sus compañeros. La otra pasión de Albert es la religión, que abraza con un fanatismo demente. Está convencido que sólo puede expiar sus pecados mortificándose. Se clava agujas en los genitales o se masturba con una mano a la vez que se golpea con otra con un palo lleno de clavos. Se siente en comunión con Jesucristo, San Juan Bautista y el Altísimo. Está convencido que ellos se comunican con él y más adelante también les culpará de ordenarle que matara a sus víctimas.

Estos desequilibrios le llevaron a ser ingresado en tres ocasiones en hospitales psiquiátricos. Salió tal como entró. Era un ser atormentado, pero no parecía peligroso ni violento y la psicología de aquella época tampoco podía curar su mal.

A los doce años tiene relaciones con otro joven de su edad. Ya, desde el primer momento, éstas están llenas de parafilias, conductas sexuales desviadas. Con su pareja practica la lluvia dorada y la coprofagia. El masoquismo también estuvo presente en casi todas sus conductas. Con sus amigos, por ejemplo, inició un singular juego: les pide que le hagan preguntas y, si falla, se golpea con un látigo. Siempre acababa errando las respuestas...

En 1890 se gana la vida vendiendo su cuerpo a otros hombres. Se cree, aunque no se sabe a ciencia cierta, que ésa es la época en que tuvo lugar su primer crimen. Violó a un niño y asesinó a otro. Paralelamente, comete múltiples delitos (estafa, robo...) por los que fue detenido al menos en ocho ocasiones. Uno de los más recurrentes era enviar cartas a sus allegados explicando terribles perversiones que le gustaría realizar.

Sin embargo, y pese a contar con antecedentes más que sospechosos, la policía no le contó en la lista de posibles asesinos.

Fish se casó y tuvo seis hijos, pero su mujer le abandonó y se llevó los muebles de la casa. Se cree que Fish volvió a casarse otras veces de forma ilegal, puesto que no estaba separado de su primera mujer.

Tal vez el abandono de su mujer pudo desatar con más furia ese instinto asesino que tenía latente. No se sabe cuántas víctimas perecieron a manos de este asesino, algunos especialistas consideran que fueron cincuenta, mientras que él declaró que fueron más de cien. Los crímenes eran verdaderamente horrendos. Solía torturar salvajemente a sus víctimas antes de matarlas. Le gustaba azotarlas y clavarles alfileres en los genitales. Sus víctimas predilectas eran niños o niñas.

Se tiene constancia, por ejemplo, que en 1927 raptó al pequeño Billy Gaffney, lo desnudó, lo ató y lo azotó brutalmente con su cinturón. Después le cortó las orejas, la nariz y le rajó la cara. A continuación, preparó un guisado con sus partes del cuerpo mezcladas con cebollas, zanahoria, nabos, apios, sal y pimienta. Según declaró años después en el juicio: «nunca había comido ningún pavo que supiera la mitad de bien que el trasero de un niño».

El verano de 1928 fue especialmente cruel para los vecinos de Fish. Él lo llamó: «la llamada de la sangre», pues no pudo parar de matar niños, comerse su carne y beberse su sangre. Le llamaban «el maníaco de la luna llena», puesto que sus peores crímenes sucedían en plenilunio.

En este tiempo cometió uno de los errores que acabarían por delatarle. Un hombre le pidió empleo y él le dio una buena cantidad de dinero a modo de adelanto. Entonces planeó matar a uno de sus hijos, castrándole para que se desangrara. Sin embargo, cuando conoció a su hermana Gracie, cambió y le perdonó la vida. Invitó a la niña a asistir a una fiesta de sus hijos y los padres no vieron inconveniente en que un hombre respetable y tan generoso se llevara a su hija. La niña nunca regresó.

Seis años después escribió a la madre de la pequeña esta cruel y despiadada carta que fue su sentencia de muerte:

«Estimada señora Budd: En 1894 un amigo mío servía como marinero de puente en el buque *Tacoma* con el capitán John Davis. Salieron de San Francisco con destino a Hong Kong. Una vez llegados a puerto, él y dos compañeros más bajaron a tierra a emborracharse. A su regreso el buque había salido ya sin ellos. En esa época el hambre reinaba en China. Cualquier clase de carne se vendía entre uno y tres dólares la libra. Los más pobres sufrían tanto que vendían a los carniceros a sus hijos menores de doce años para que los despedazaran y los revendieran. En cualquier carnicería se podía obtener, así, bistés, costillas y filetes. A la vista del comprador los cortaban del cuerpo desnudo de una niña o un niño. Las nalgas, que es la parte más tierna, se vendía como ternera y era el pedazo más caro. John se quedó tanto tiempo en Hong Kong que se aficionó a la carne humana. A su regreso a Nueva York secuestró a dos niños, de siete y once años, que llevó a su casa. Los desnudó, los ató dentro de un armario y quemo sus trajes. Muchas veces, de día y de noche, los apaleaba y torturaba para hacer más tierna su carne. Mató primero al mayor, pues su culo era el más carnoso. Coció y devoró cada parte de su cuerpo excepto la cabeza, los huesos y los intestinos. El niño fue asado en el horno (su culo), cocido, hervido, frito y guisado. El niño menor pasó a su vez por lo mismo. En esa época yo vivía en el 409 de la calle 100 Este, cerca del lado derecho. John me hablaba tan a menudo de la delicadeza de la carne humana que me decidí a probarla. El domingo 3 de junio de 1928 fui a casa de usted, en el 406 de la calle 15 Oeste. Llevé queso y fresas. Comimos juntos. Grace se sentó sobre mis rodillas para darme un abrazo. Decidí comérmela. Me inventé un cumpleaños y ustedes le dieron permiso para que me acompañara. La llevé a una casa abandonada de Westchester en la que me había fijado. Cogió flores silvestres. En el primer piso, me desvestí completamente para evitar manchas de sangre. Cuando lo tuve todo listo me acerqué a la ventana para decirle a Grace que subiera. Me oculté en un armario hasta que llegó. Cuando me vio desnudo se echo a llorar y quiso huir. La alcancé y me amenazó con decírselo todo a su mamá. La desnudé. Se defendió mucho, me mordió y me hizo algunos rasguños. La estrangulé antes de cortarla en pedacitos para llevarme a casa su carne, cocinarla y comérmela. No puede imaginar cuán tierno y sabroso estaba su culito asado. Tardé nueve días en comérmela por completo. No me la tiré, aunque hubiese podido hacerlo, de haberlo querido. Murió virgen».

A partir de esta carta, la policía encontró a Fish. Entonces, el asesino contaba con sesenta y cuatro años y parecía un venerable anciano. Sin embargo, en cuanto empezó a hablar, nadie dudó de su culpabilidad. Sobre todo, cuando su hijastra empezó a explicar detalles de su vida con Fish. Según explicaba, la obligaba a ella y a sus hermanastros a introducirse agujas en las uñas y los azotaba brutalmente en las nalgas.

La defensa intentó alegar locura, pero la crueldad de sus crímenes acabó condenándolo a la silla eléctrica. El 16 de noviembre de 1936 fue ejecutado. Cuando se sentó en la silla, dijo: «Qué alegría morir en la silla eléctrica. Será él último escalofrío. El único que aún no he probado». Y su mente enferma preparó una última broma macabra para alargar aquel sufrimiento. Tras la primera descarga, se produjo un cortocircuito. Entonces se descubrió que el asesino se había colocado alfileres en el pene, los testículos y cerca del colon. La primera descarga lo dejó agonizando y requirió una segunda, mucho más potente, para acabar con él.

Peter Kürten, el vampiro de Düsseldorff

Sin duda, éste es un asesino en serie de manual. Toda su historia sirvió para que la criminología y la investigación psicológica avanzaran a pasos agigantados. Su historia sigue paso a paso todos los requisitos de psicópata asesino.

En su niñez sufrió un trauma, que es lo que le impidió desarrollar la empatía y lo arrojó a un mundo de fantasías macabras. Kürten nació en 1883, en Colonia, Alemania. Su padre era alcohólico y violó a una de sus hermanas ante sus ojos. Parece ser que Peter nunca superó ver cómo su propio padre forzaba a su hermana. Pero ése no era su único problema en aquella infancia traumática que le tocó vivir. A menudo su padre le apaleaba, por lo que solía escaparse de casa y vivir unos días fuera, robando lo que podía.

Su familia se trasladó a Düsseldorff y él empezó a trabajar en una fábrica. Sin embargo, aquella no era la única fuente de ingresos. El delito le proveía de buena parte del dinero que necesitaba. Entre 1902 y 1912 se le condenó por violación, consumo ilícito, malversación de fondos, robo con violencia y deserción. Pasó algunos períodos en la cárcel, pero luego volvía a salir y reincidía.

En 1913 cometió el primero de sus atroces crímenes. Degolló y luego violó a la niña Christine Klein en una posada de Mülheim. Seguramente en ese momento descubrió toda la virulencia de su instinto asesino y ya no pudo quitarse de la mente la idea de matar. En aquella época fue detenido por atraco e intentos de violación. Se sabe que se casó, pero no se han conservado datos de su esposa. Seguramente, sus habituales visitas a la cárcel, acabaron con el matrimonio. Peter volvió a contraer matrimonio por segunda vez. Aquel enlace le dio la coartada perfecta. Se estableció en un barrio burgués y demostró ser un hombre trabajador y educado. Todo el mundo estaba convencido de que llevaba una vida rutinaria y convencional.

Pero aquella falsa tranquilidad estalló en 1929. En aquel año, la furia asesina de Peter creó pánico en la ciudad. Las víctimas se sucedían a un ritmo vertiginoso y su ensañamiento aterrorizaba a la población. Solía degollarlas con unas tijeras, después las violaba y por último practicaba macabras mutilaciones a sus cadáveres. Normalmente escogía mujeres jóvenes, aunque en su lista también habían algunos hombres.

Como muchos asesinos en serie, Kürten no pudo resistirse a la tentación de jugar al gato y al ratón con la policía. Los diarios daban detalles de sus macabros crímenes, pero los agentes no tenían ni la más remota idea de quién podía ser su autor. El 14 de agosto de 1929 envió a la policía una carta que contenía un poema y un mapa. En el lugar señalado en el mapa encontraron el cadáver de Maria Hahn. La autopsia reveló que el asesino había bebido su sangre. Aquello le valió el célebre apodo de *El Vampiro de Düsseldorff*. Después, el asesino confesaría que tuvo tentaciones de crucificar a su víctima para aterrorizar a los transeúntes.

Kürten seguía llevando una vida apacible con su mujer, que no levantaba sospechas entre los vecinos. La policía era acusada de ineptitud, puesto que el asesino no dejaba ni una sola prueba de sus fechorías. Cada día incrementaba el número de víctimas, y hubo jornadas en las que llegó a asesinar a tres.

Sin embargo, cometió un «error», dejó a una mujer viva después de violarla. Se llamaba Mary Budlich y aún hoy en día los psicólogos y psiquiatras no se explican ese comportamiento tan extraño en un psicópata de estas características.

Según se averiguó después, Mary fue atacada por un hombre joven mientras atravesaba un parque. Entonces, un caballero de cuarenta años de educados modales le libró del agresor. Después, la invitó a tomar té a su casa, para que se repusiera del susto. Allí la violó. Cuando acabó, le pidió que por favor no lo denunciara. Mary guardó el secreto y no dijo nada a la policía. Resulta extraño, puesto que ella estaba segura que era *el Vampiro de Düsseldorff*. Sin embargo, el miedo hizo que no dijera ni una palabra de lo ocurrido. No pudo evitar explicárselo a su mejor amiga mediante una carta. La misiva cayó en manos de una anciana que era pariente de la amiga y se la llevó a la policía.

Así supieron la residencia del asesino y pudieron capturarle. Su mujer dijo que tenía sospechas, pero que no sabía nada de la doble vida de su esposo. El 14 de mayo de 1930 fue detenido y todos los ciudadanos pudieron ver el rostro del monstruo. Todos coincidieron en que tenía el aspecto de un hombre honesto.

El asesino no tardó en confesar sus crímenes. Se enorgullecía de ellos y facilitaba todos los detalles a la policía. No mostró en ningún momento atisbo de arrepentimiento.

El 13 de julio de 1931, durante el juicio, su abogado alegó locura. Dijo que actuaba bajo el mandato de una fuerza demoníaca que le obligaba a llevar a cabo los crímenes.

Sin embargo, en aquel tiempo, la justicia no contemplaba aquello como una circunstancia atenuante. Seguramente, hoy en día, su infancia traumática hubiera sido un buen argumento para su defensa en manos de un hábil abogado.

Pero en aquellos momentos nada de esto sirvió. La población había estado aterrorizada por aquel asesino despiadado y exigía el máximo castigo. Finalmente, se le encontró culpable de nueve asesinatos, tres violaciones y siete intentos de asesinato. Seguramente la lista era mucho más larga, pero estos son los casos en los que había pruebas. También confesó que a la edad de cinco años había ahogado a dos amigos suyos. Asimismo, admitió haber estrangulado en un bosque a una chica con la que tuvo su primera experiencia sexual.

El Vampiro fue condenado a la guillotina. El 8 de julio de 1931 la sentencia se hizo efectiva en Colonia. Dicen que antes morir, escribió una carta de arrepentimiento a los familiares de sus víctimas y se confesó con el capellán de la prisión.

Herman Webster Mudget, el doctor Holmes

Este es quizás uno de los asesinos en serie más desconocidos. Y resulta extraño, puesto que sus crímenes fueron innumerables y su modo de llevarlos a cabo escalofriante.

Pero no avancemos acontecimientos. Herman Webster Mudget, más conocido como el doctor H. H. Holmes, nació en 1860 en Gilmanton, cerca de New Hampshire, Estados Unidos. Su familia era de una moral impecable, pero poco pudieron hacer para trasmitir aquellos valores a su vástago. Con dieciocho años ya sabía lo que quería: casarse con una mujer rica que le pagara la carrera de medicina. Y así lo hizo. Ella se llamaba Clara Louering y se arruinó para satisfacer los caprichos de su esposo. Éste, en cuanto tuvo el diploma en mano, desapareció. Mientras estudiaba, se ganaba un sobresueldo estafando a las compañías de seguros con los cadáveres que sacaba de la universidad.

Su siguiente esposa, una guapa viuda, engrosó sus arcas. Fue estafada, pero conservó la vida, que eso es mucho más de lo que pueden decir las siguientes mujeres que se encontraron con él. Dejó su residencia en Nueva York y a su mujer y se estableció en Chicago.

Una vez asentado en la ciudad, adoptó el nombre de Dr. Holmes para que nadie pudiera acusarle de bigamia.

Allí volvió a contraer matrimonio con la millonaria Myrta Belknap. Le estafó a su familia 5.000 dólares con los que montó una mansión de su propiedad en Wilmette.

Su carácter seductor y su aire distinguido le procuraban todas las conquistas amorosas que pudiera desear. Pero él no buscaba amor, sino dinero. Entró a trabajar como gerente de una cadena de farmacias propiedad de una viuda. Se convirtió en su amante y mediante engaños y falsificaciones se hizo con todo su imperio farmacéutico. A partir de ese momento, sus necesidades económicas estuvieron cubiertas y empezó a construir su sueño: la casa del horror. A todo esto, la viuda desapareció en extrañas circunstancias...

Así, el asesino empezó con la construcción del Castillo de Holmes, un hotel macabro lleno de dispositivos para acabar con la vida de sus clientas. Todas las habitaciones estaban llenas de trampas y de puertas correderas que llevaban a un laberinto de pasajes secretos. El Dr. Holmes había instalado ventanillas camufladas en cada una de las habitaciones para poder controlar todos los movimientos de las víctimas. Debajo del suelo había unos sensores que le permitían saber en todo momento donde estaban sus huéspedes. Además, había instalado grifos de gas en todas las habitaciones para poder asfixiarlas con sólo tocar un botón. También tenía un sistema para deshacerse de los cadáveres. El montacargas daba a un tobogán, por el que los cuerpos bajaban hasta el sótano. Una vez allí, los quemaba en un incinerador, los sumergía en ácido sulfúrico para que se disolvieran o los enterraba en cal viva. En ocasiones, antes de hacer desaparecer los cadáveres, los mutilaba o llevaba a cabo experimentos «científicos» con ellos.

Pero no siempre les procuraba una muerte rápida. Tenía también el calabozo, una habitación llena de instrumentos de tortura. Entre el arsenal destacaba un robot automatizado que hacía cosquillas en los pies.

Para no levantar sospechas, el castillo fue construido por diferentes compañías. Una llevaba a cabo una parte y, entonces, Holmes dejaba de pagar. Así contrataba a otros constructores y no levantaba sospechas sobre las extrañas peticiones que requería su obra.

Holmes tenía claro que su hotelito iba a ser un éxito. En aquellos momentos, en 1893, se celebraba en Chicago la Exposición Universal. Por ello, la ciudad iba a recibir la visita de infinidad de damas que podían caer en la red del macabro hotelero.

Sus víctimas eran siempre jóvenes, ricas y con residencia lo más lejos posible de Chicago. Las seducía hasta su hotel prometiéndoles matrimonio. Una vez allí, en su harén, les obligaba a firmar papeles por los cuales renunciaban a toda su fortuna a favor de su captor. A partir de ese momento, las mataba, mutilaba y violaba con la ayuda de los dispositivos letales que había dispuesto en la mansión.

Sin embargo, tras la citada Exposición, el volumen de ingresos descendió considerablemente. Las viudas ya no tenían ningún motivo para visitar Chicago y la fortuna del insaciable Holmes empezaba a resentirse.

Entonces ideó una nueva estafa. Incendió la planta de arriba de la mansión para cobrar la prima de la empresa aseguradora, que ascendía a 60.000 dólares. Lo que no imaginaba es que antes de abonar la cantidad, la compañía realizaría una investigación.

Al ver que estaba a punto de ser descubierto, el asesino abandonó su casa de los horrores y huyó a Texas. Allá volvió a intentar llevar a cabo varias estafas, pero fue detenido y por primera vez fue a dar con sus huesos a la cárcel.

Tras cumplir la pena, pudo salir de nuevo y pensar en un nuevo crimen. Conoció a un hombre llamado Benjamín Pitizel que también necesitaba desesperadamente conseguir algo de dinero. Ambos acordaron que fingirían que había muerto, presentarían a un cadáver robado y así se repartirían la prima que la compañía de seguros debía pagar a la mujer. Pitizel se iría a vivir un tiempo a Sudamérica para no levantar sospechas.

Sin embargo, en el último momento Holmes cambió de planes y asesinó a Pitizel. Reconoció el cadáver de su amigo y después fue a Boston a buscar a la viuda para que cobrara la suma. Una vez tuvo el dinero, la mató a ella y a sus dos hijos.

La compañía de seguros empezó a tener sospechas a la vez que un compañero de celda de Holmes explicaba a la policía algunos detalles inquietantes.

Todo ello hizo que los agentes fueran desentramando toda la carrera delictiva de Holmes. Primero fue acusado de estafa, pero pronto se le pudo relacionar con la terrible mansión e imputarle los crímenes allí cometidos.

Holmes era un mentiroso patológico, lo que dificultaba enormemente la labor policial. Por ejemplo, declaraba que había matado a personas que todavía estaban vivas. Finalmente, reconoció únicamente veintisiete asesinatos, pero los criminólogos están seguros de que la cifra ascendía a doscientos.

Sus tretas no sirvieron para engañar a la justicia: el 7 de agosto de 1896, con treinta y cinco años, fue ahorcado en Filadelfia.

Ed Gein, el carnicero de Plainfield

El caso de este hombre apocado y con pinta inofensiva ha fascinado a los criminólogos y estudiosos del tema. No ha llamado la atención por el número de víctimas (asesinó a dos), sino por la forma en la que trató a sus cadáveres.

Ed Gein nació el 27 de agosto de 1906. No tuvo suerte con la familia que le tocó en gracia, en especial con su madre. Era una fanática religiosa muy estricta. No quería que sus hijos tuvieran contacto con otros niños para que no pudieran meterles en la cabeza ideas impuras. Humillaba constantemente a su marido al que consideraba débil y fracasado. Éste se refugió en la bebida y cuando discutía con su mujer, solía pegar a los dos niños que tenían.

Este panorama traumatizó a Gein. Siempre buscó el afecto de su madre, pero ésta siempre se lo negó.

Con treinta y nueve años, en 1945, ella murió de un ataque al corazón. El resto de la familia ya no vivía con ellos y Gein era un tipo dependiente, débil e inseguro que no sabía cómo comunicarse con el mundo. Encerrado en su casa, a la sombra de una madre dominante, apenas podía hablar con normalidad. Dicen los que le conocieron que repentinamente tenía ataques de risa sin que vinieran a cuento. Todo aquello hacía extremadamente difícil que pudiera tener amistades y aún menos relaciones amorosas.

Tras el fallecimiento de su madre, Gein se ganaba la vida haciendo chapuzas para los vecinos de Plainfield (Wisconsin, EE.UU.) Era trabajador y tenía un aspecto vulnerable y desvalido, por lo que era considerado un tipo un poco raro, pero muy responsable.

El 8 de diciembre de 1954 un granjero entró en la taberna de Hogan. La propietaria, Mary Hogan, no estaba, pero había un reguero de sangre que llegaba hasta la puerta. La policía investigó aquel hecho y concluyó que seguramente alguien la había matado y se había llevado su cadáver a un coche. A partir de ahí, podría haberlo enterrado en cualquier lugar.

Todo aquello resultaba especialmente inquietante. Mary Hogan no tenía enemigos y no había ningún móvil para asesinarla. La policía no contaba ni siquiera con el cuerpo para poder iniciar una investigación.

El caso provocó revuelo entre los vecinos, que no hablaban de otra cosa. El propietario del aserradero, que le encargaba trabajos a Gein, le comentó el tema. Este hombre recordaba que Gein miraba con ojos de cordero degollado a Mary, mientras bebía una cerveza. Le dijo que si en vez mirarla tanto, le hubiera dicho algo, igual ahora estaría en su casa preparándole la cena en vez de estar muerta. Gein contestó que estaba en su casa, esperándolo (y era cierto, aunque sin vida, claro está). El propietario del aserradero no dio más importancia al comentario, que al fin y al cabo provenía del chiflado del pueblo.

Durante mucho tiempo, Gein volvió a su rutina y no sintió la necesidad de matar. Durante este tiempo, como veremos más adelante, se deleitaba en sus macabras actividades necrófilas.

Sin embargo, el 16 de noviembre de 1957 volvió a las andadas. Entró en la ferretería del pueblo y le disparó a la dueña, Bernice Worden. Llevaba un viejo rifle de caza del calibre 22. Después, y tal y como había hecho con su primera víctima, la arrastró hasta el coche y se la llevó en su furgoneta.

Pero hubo un detalle con el que no contó: como había efectuado una compra, su nombre había quedado apuntado en el registro.

Era, por tanto, el principal sospechoso. Dos agentes de policía lo detuvieron inmediatamente, mientras otros dos se encaminaron a la granja para registrarla en busca de pruebas.

Sin duda, no se esperarían encontrar tantas evidencias de sus crímenes. Cuando entraron el sheriff notó que algo le rozaba el hombro y, cuando se giró, se encontró con el cuerpo decapitado de una mujer con un agujero en el estómago. El cuerpo colgaba del techo con un gancho en el tobillo y un alambre que sujetaba el otro pie a una polea. Habían rajado la parte del pecho hasta el abdomen y las tripas estaban relucientes, como si alguien las hubiese lavado.

Toda la casa estaba llena de basura, cajas de cartón, latas vacías, excrementos, revistas porno o de terror o chicles pegados en las tazas. También se encontraron muchas revistas de anatomía humana y una dentadura postiza sobre el mantel de la mesa.

Pero lo más grave no es que el hogar de Ed Gein fuese un estercolero, sino que verdaderamente era la casa de los horrores.

Había cráneos por la cocina, algunos eran utilizados como cuencos. La policía pidió refuerzos y los forenses se dirigieron a la granja para proceder a un registro exhaustivo. Lo que ahí encontraron horripiló al mundo entero. Las sillas de la cocina y las lámparas estaban hechas con piel humana. También había papeleras, fundas de cuchillos y prendas de vestir (un chaleco con unos pezones humanos, etcétera.)

Cuanto más investigaban, más espeluznantes eran las pruebas. En las cajas había miembros y órganos de las víctimas. Había preparado nueve máscaras con piel humana, con el pelo intacto y había utilizado cuatro de ellas para colgarlas rodeando su cama.

La única habitación que no había sido invadida por aquel horror era la que pertenecía a la madre de Gein. Desde su muerte, había puesto varios tablones para sellarla.

La policía descubrió que Ed Gein sólo había matado a dos mujeres. El resto de cuerpos habían sido sacados de sus tumbas. De hecho, Gein leía atentamente las necrológicas y cuando sabía que alguien que conocía había muerto, procedía a llevarse el cadáver aquella misma noche. Casualmente, casi todas las muertas presentaban un parecido físico a su madre.

Los psicólogos estaban intrigadísimos. ¿Qué clase de enfermo podía realizar algo así? Parecía que tenía todas las patologías sexuales: vouyerismo, fetichismo, travestismo, necrofilia.

Una vez arrestado, explicó que tras la muerte de su madre, ésta empezó a comunicarse con él telepáticamente. En esa época empezó a interesarse por la anatomía humana, un tema que le fascinaba. Le gustaba ver en la televisión programas que hablaran del cambio de sexo e incluso estuvo tentado de someterse a una intervención de este tipo.

Según declaró, sólo recordaba vagamente el asesinato de Bernice Worden. Confesó haber profanado nueve tumbas y admitió que le encantaba y que se había convertido en una auténtica pasión para él. A veces no se llevaba todo el cuerpo y se conformaba con una parte del mismo. Los agentes de policía acudieron a las tumbas indicadas por el detenido y comprobaron que era totalmente cierto lo que decía.

Los psicólogos concluyeron que padecía una psicosis profunda provocada por la enfermiza relación que tenía con su madre. En el fondo, siempre había deseado que su progenitora le quisiera y, al no conseguir su amor, se vengaba en otras mujeres que le recordaban a ella.

Los médicos estadounidenses decidieron que el paciente no estaba preparado para acudir a un juicio y fue internado en un psiquiátrico. En 1968 parecía que su estado había mejorado, por lo que pudo ser juzgado por dos asesinatos. Fue declarado culpable, pero entonces volvió a presentar su locura como atenuante y fue ingresado de nuevo.

El 26 de julio de 1984 murió de insuficiencia respiratoria y su cuerpo fue enterrado en el cementerio de Plainfield en el que tanto le gustaba merodear, junto a su amada madre.

Su caso sirvió para que el mago del suspense, Alfred Hitchcock realizara la célebre película *Psicosis*. También inspiró películas como *La Matanza de Texas* o *El Silencio de los Corderos* (el personaje de Buffalo Bill es una referencia a él). También existe un film, titulado *Ed Gein*, que recoge sus andanzas.

En Estados Unidos es un auténtico fenómeno y su casa tuvo que ser cerrada para evitar las visitas de curiosos. La furgoneta en la que transportaba los cuerpos de sus víctimas fue subastada por una astronómica cantidad de dinero. Durante mucho tiempo, se exhibía, previo pago de entrada, por los pueblos de la región, creando gran cantidad de seguidores. De hecho, hay una multitud que intercambia chistes y souvenirs que llevan su nombre.

Albert DeSalvo, el estrangulador de Boston

El famoso estrangulador de Boston nació en Chelsea, Massachussets (EE.UU.), el 3 de septiembre de 1931. Vivió con sus padres y sus cinco hermanos y desde pequeño tuvo que soportar las palizas de su progenitor, que tanto le propinaba a él como a sus hermanos o a su madre. No se sabe si en esa época sufrió algún abuso sexual. Con este ambiente, no es extraño que Albert se convirtiera en un delincuente de baja estofa. Fue arrestado en más de una ocasión por delitos menores. Su madre, finalmente, pudo huir del marido que la maltrataba y encontró una nueva pareja. Sin embargo, no quería que el pequeño Albert ocasionara problemas que pudieran añadir dificultades a su nueva vida, así que se desentendió de él por completo.

A Albert pocas alternativas le quedaban: se enroló en el ejército y estuvo en la campaña de Alemania en la Segunda Guerra Mundial. Allí conoció a Irmgard Beck, una mujer atractiva de buena familia con la que se casó. Se instalaron en Boston y fueron felices durante los primeros tiempos. Cuando tuvieron a su primer hijo, ella tuvo un parto tan complicado que le cogió manía a las relaciones sexuales. DeSalvo era un hombre insaciable que necesitaba tener sexo dos o tres veces al día, por lo que las discusiones entre ambos eran frecuentes. Los psicólogos creen que este problema sexual pudo ser el desencadenante de todos los traumas infantiles soterrados que le acabarían de convertir en un psicópata.

Albert DeSalvo llevaba una vida aparentemente normal, trabajaba en una fábrica de caucho e intentaba cuidar lo mejor posible de su familia. Sin embargo, su mujer no sabía que cuando salía de casa la ciudad temblaba.

La primera de la sangrienta lista fue Anna Sleser, una señora de cincuenta y cinco años que fue encontrada en su domicilio con el cordón de su bata rodeándole el cuello. Fue su hijo el que descubrió el cuerpo. Después la policía comprobó en la autopsia que había sido violada repetidamente con un objeto desconocido. La casa estaba revuelta, como si se tratara de un robo. Pero simplemente era un escenario montado para despistar a la policía. No faltaba nada de valor y ésa no es la técnica que utilizan los ladrones.

Dos semanas después, Nina Nichols, de sesenta y ocho años, apareció estrangulada con sus medias. El apartamento en el que vivía estaba revuelto, pero el supuesto ladrón había tirado las joyas por el suelo y no se las había llevado. Ese mismo día, Albert cometió otro crimen. Se dirigió a una casa cercana en la que vivía Helen Blake, de sesenta y cinco años. El método fue el mismo: la violó, la mató y luego revolvió el piso.

A partir de ese momento, la policía dio la señal de alarma. Aquello no era una casualidad. No había duda que el autor de los hechos era un peligroso asesino en serie. La policía buscaba a un psicópata con complejo de Edipo que mataba a mujeres mayores para vengarse las afrentas que había cometido su madre. Sin embargo aquella descripción y nada eran lo mismo. Poco podían hacer los agentes con aquellos datos.

La policía pidió a todas las mujeres de Boston que cerraran sus puertas con llave, no abrieran a desconocidos e informaran de cualquier posible sospechoso. Se sabía que el asesino no forzaba las puertas, sino que conseguía que le dejaran entrar.

Todas estas indicaciones no sirvieron para salvar la vida de Ida Irga, una anciana que fue violada y estrangulada el 19 de agosto en su domicilio del West End de Boston.

Las ansias asesinas de DeSalvo atravesaban una subida imparable. Al día siguiente, en la otra parte de la ciudad, apareció el cadáver de Jane Sullivan, una enfermera de sesenta y cinco años.

Las siguientes víctimas fueron dos estudiantes veinteañeras a las que también violó y asesinó. La casera de las infortunadas muchachas pudo dar una descripción: se trataba de un hombre de unos treinta años, de estatura media y cabello ondulado. Aquello podía servir para una cuarta parte de los hombres de la ciudad.

La siguiente víctima fue una joven llamada Patricia Bissette. Su cadáver fue encontrado por su jefe, que por la mañana la acompañaba al trabajo. La autopsia reveló que estaba embarazada de pocas semanas.

A principios de marzo de 1963, Albert volvió a actuar. Golpeó, estranguló y violó a Mary Brown, una anciana de setenta y ocho años.

El 8 de mayo, DeSalvo cambió su método de asesinato. Por alguna razón no estranguló a Beberly Samens, sino que la apuñaló. Tampoco la violó. Dejó unas medias enrolladas en su cuello pero éstas no fueron las responsables de la muerte.

La policía estaba tan desesperada que pidieron ayuda de un mentalista llamado Paul Gordon. Con sus poderes extrasensoriales, identificó a Arnold Wallence. El presunto culpable era paciente del Hospital Psiquiátrico de Boston y tenía antecedentes violentos. La policía comprobó sus coartadas y descubrió que no podía ser el autor de los crímenes.

Mientras se llevaban a cabo estas averiguaciones, DeSalvo ya había vuelto a asesinar.

En septiembre de 1963, una bella mujer de cincuenta y ocho años llamada Evelyn Corbin fue hallada muerta en su casa. El *modus operandi* no dejaba lugar a dudas: era obra del estrangulador.

El 25 de noviembre Boston no estaba preparado para recibir la noticia de un nuevo asesinato. El país entero se había quedado en estado de shock tras la muerte del presidente Kennedy, tres días antes. Sin embargo, la política no parecía interesar demasiado a DeSalvo. Ese día se llevó la vida de Joann Graff, una diseñadora industrial de veintitrés años.

El 4 de enero de 1964, las dos compañeras de piso de Mary Sullivan se encontraron con su cuerpo sin vida. La chica tenía diecinueve años y el asesino había hecho gala de un humor macabro. Había colocado unas guirnaldas navideñas en las medias que empleó para estrangularla, le había hecho un gran moño y a sus pies había dejado un letrero que ponía «Feliz Año Nuevo».

El Fiscal General de Massachussets ya no sabía qué hacer. Así que, en un intento a la desesperada, volvió a solicitar la ayuda de otro psíquico. En este caso, el elegido fue Peter Hurkos, de origen holandés.

La policía le proporcionó las medias con las que cometía los crímenes. El mentalista dormía con ellas para impregnarse de su energía. Le facilitaron también trescientas fotos de los asesinatos. Hurkos no necesitaba mirarlas, viendo su reverso podía describir la escena del crimen. La verdad es que aportó detalles e información que no había salido en ningún medio de comunicación. Su información era cierta, pero a la hora de dar un diagnóstico definitivo, erró el tiro. Señaló a Thomas O'Brian, que era fetichista, como autor de las muertes. La policía lo creyó y detuvo al sospechoso. Todos los datos que aportó el vidente sobre O'Brian eran absolutamente ciertos, pero éste no era el asesino.

Finalmente, un día una mujer avisó a la policía. Un hombre había entrado en su casa y al ver que estaba su marido había huido. La descripción coincidía con los datos que tenían del asesino.

De este modo, se pudo detener a Albert DeSalvo y poner fin a sus matanzas que tuvieron aterrorizada a la ciudad de Boston durante meses.

DeSalvo declaró no recordar ninguno de los crímenes cometidos. Él estaba seguro que sólo iba de su casa al trabajo y que siempre intentaba volver pronto para poder jugar con sus niños. Los psicólogos no entendía cómo podía ocurrir aquello. Pensaron que tal vez tuviera personalidad múltiple, pero los tests dieron negativo. Finalmente, llegaron a la conclusión de que padecía algún tipo de esquizofrenia y que el horror de los crímenes hacía que los olvidara rápidamente.

Todo ello provocó muchos problemas en la investigación. No se podían encontrar pruebas y él no era capaz de recordar detalles que dieran explicación a los interrogantes que todavía quedaban abiertos.

DeSalvo fue declarado finalmente demente y condenado a cadena perpetua en 1966. Tenía veintinueve años, pero pasaría poco tiempo en prisión. En 1973 su compañero de celda lo asesinó.

En la actualidad, el tema ha vuelto a salir a la palestra. Los familiares de Mary Sullivan no creen que el asesino fuera DeSalvo. De hecho, han hecho varias pruebas con ADN, que en la época no se podían practicar y han llegado a la conclusión que el autor del crimen no fue el hombre que murió en prisión. Recordemos que el cadáver de Sullivan es el que fue decorado con macabros ornamentos navideños. El estrangulador no había procedido así hasta el momento, por lo que tal vez fue otro su asesino. De hecho, en algunos casos, cuando la prensa da mucho bombo a los asesinos en serie, pueden aparecer imitadores.

En muchas ocasiones son también dementes y en algunos casos se trata de alguien que quiere librarse de otra persona y que encuentra la ocasión ideal, achacando su crimen al psicópata de turno.

Normalmente, la policía distingue claramente el método de un asesino, pero la profusión de detalles que se dan en la prensa a veces sirven para que sea difícil distinguirlos.

Cuando esto ocurre, muchas veces nadie cree al psicópata. Confiesa un montón de crímenes, pero se empecina
en que uno no ha sido cometido por él.

Sin embargo, en el caso de DeSalvo, como no recordaba nada, es imposible saber si la familia de Sullivan está en
lo cierto o no.

El estrangulador fue un caso tan célebre que inspiró
una película protagonizada por Tony Curtis. También fue la
base utilizada por Alfred Hitchcock para crear al sádico protagonista de *Frenesí*.

Andrei Chikatilo, el carnicero de Rostov

Este famoso asesino nació el 16 de octubre de 1936, en
Ucrania, en tiempos duros para la antigua URSS. La ham-
bruna era durísima y no había qué comer. Andrei y su hermana sobrevivieron, pero su hermano, Stephan, no tuvo
tanta suerte, fue raptado y devorado. Era una práctica habitual de la época. Muchos niños eran raptados y comidos
por familias que estaban a punto de morir de hambre.

Estas historias que le explicaba su madre, repercutieron
en el niño, que apenas se comunicaba con sus compañeros.
Se sabe que hasta los doce años se orinaba en la cama y que
hasta los treinta no llevó gafas, pese a que padecía miopía.
Era el blanco de las burlas de sus compañeros y nunca se
quejó por nada. Aguantaba sus insultos en silencio.

En la adolescencia, sus problemas siguieron. Según
explicó, eyaculó cuando abrazó a la primera chica que le
hizo caso. Como era costumbre en el régimen soviético,
cumplió con el servicio militar y obtuvo tres títulos: lengua
y literatura rusa, ingeniería y marxismo-leninismo.

En 1971 se hizo maestro. Esta profesión le brindó la
posibilidad de observar a sus alumnas en los dormitorios y
masturbarse a escondidas. En esta época también abrazó el
dogma comunista con una pasión que rozaba el fanatismo.

Pese a que sus relaciones con las mujeres siempre resultaron problemáticas, consiguió casarse. Según cuentan los psicólogos que le examinaron, confesó que casi nunca conseguía tener una erección completa, pero pese a todo, eyaculaba. En algunas de esas contadas ocasiones en que podía mantener relaciones con penetración, dejó a su mujer en estado. Tuvieron dos hijos. Todos sus vecinos consideraban que era un buen padre y esposo y un ciudadano sencillo y trabajador.

Sin embargo, su relación matrimonial fue siempre un fracaso, al menos desde la perspectiva sexual. Su mujer se quejaba de que nunca tenía ganas de hacer el amor con ella y le consideraba débil y poco apasionado.

La situación en su trabajo era casi desesperada. No conseguía imponerse a sus alumnos, que le llamaban «el ganso» o «el afeminado». Se reían de él, lo sacaban de clase a patadas o le pegaban. Llegó a sentir tanto pánico hacia los niños, que acudía al trabajo con un cuchillo.

Toda la rabia acumulada explotó el 22 de diciembre de 1978, cuando Andrei contaba con cuarenta y dos años. Resulta un caso atípico, puesto que los psicópatas, habitualmente, empiezan a cometer sus crímenes cuando tienen entre veinte y treinta años. Al maestro que estaba acostumbrado a hablar con niños no le costó mucho abordar a una cría de nueve años. La condujo a una cabaña que tenía en las afueras y allí la desvistió salvajemente. La brusquedad provocó que se hiciera un pequeño corte y de él brotara la sangre. Entonces, experimentó inmediatamente una erección. La apuñaló repetidamente mientras notaba que el orgasmo se acercaba y sólo paró cuando eyaculó. Había encontrado una forma brutal de obtener el placer sexual que le era negado en las relaciones con su mujer. A partir de ese momento, descubrió un macabro placer en maltratar los genitales de sus víctimas.

Dos días después, la policía descubrió los restos de la niña. Llegaron a interrogar a Chikatilo, pero rápidamente lo descartaron como sospechoso. Un asesinato de aquel tipo necesitaba una rápida solución, así que inculparon a Alexander Kravchenko, que tenía antecedentes de agresor sexual.

Pese a que eludió la acusación, fue expulsado del colegio por molestar a los alumnos. Esta situación que podría parecer catastrófica, le fue de gran ayuda, ya que consiguió un trabajo en una fábrica que le obligaba a viajar constantemente. Así podía escoger a sus víctimas en un radio mucho más amplio.

Sin embargo, pasó una época tranquila y tardó tres años en volver a asesinar. La víctima fue Larisa Tkachenko, una chica de diecisiete años que accedió a tener relaciones sexuales con él en el bosque. Andrei no consiguió una erección y entonces, su compañera, se puso a reír. El asesino la estranguló y eyaculó sobre su cadáver. Se dio cuenta que aquello le había excitado y siguió más allá. Mordió su garganta, cercenó sus pechos y se comió sus pezones. Después, bailó y aulló alrededor del cuerpo sin vida de la chica.

Hasta el momento, los dos asesinatos habían sido «casuales». La situación le había llevado a matar, pero en aquel momento descubrió que la única forma que tenía de obtener placer era mediante la crueldad.

La siguiente víctima, Lyuba Biryukm recibió cuarenta cuchilladas y le fueron arrancados los ojos. Ésta sería su firma como asesino en serie, solía apuñalar o extraer los ojos de las pobres muchachas que tenían la mala suerte de toparse con él.

Aquel año mató a tres personas más. Entre ellas se hallaba el primer niño, que tenía nueve años de edad. La mayoría de las víctimas eran jóvenes que se habían escapado de casa o retrasados mentales que estaban perdidos y olvidados por la sociedad.

En 1984 dio rienda suelta a sus deseos más brutales. Apuñaló entre treinta y cincuenta veces a quince jóvenes.

Les sacaba los ojos y, si eran féminas, les extirpaba los pezones y el útero. Las incisiones eran tan precisas que parecían hechas por un cirujano. Normalmente, les destrozaba la cara a golpes. A los chicos les extirpaba los testículos. Nunca se encontraron las partes mutiladas cerca del cuerpo.

La policía estaba desesperada, el secretismo soviético intentaba ocultar lo que ocurría. Sin embargo, la crudeza de los acontecimientos era imposible de ocultar. Los servicios secretos no sabían qué hacer. Finalmente, la policía tuvo un perfil del asesino e incluso, a partir del esperma, pudo conocer su grupo sanguíneo: AB.

Tras años de muertes y de investigaciones, el 14 de septiembre de 1984 fue detenido en el mercado de Rosstov. Encajaba con el retrato robot, pero los análisis no coincidieron, era del grupo A. Fue liberado sin cargos y nadie pensó que pudiera ser culpable. Habían tenido que lidiar con 26.500 sospechosos.

Andrei fue acusado de haber robado un rollo de linóleo y volvió a ser arrestado por comportamiento impropio en la estación de autobuses. Aprovechando la ocasión, volvieron a hacerle un análisis de sangre y de nuevo no volvió a coincidir con el semen. Nadie se explica el fallo de estas pruebas. Una vez salió de la cárcel, volvió a matar. El 17 de octubre de 1990 asesinó de nuevo cerca de la estación.

El 6 de noviembre de ese mismo año lo vieron cerca del escenario de un nuevo crimen. El 20 de noviembre Andrei fue detenido y acusado de haber matado a treinta y seis personas. Entonces se comprobó que su esperma sí era del grupo AB, mientras su sangre, no.

Durante mucho tiempo negó sus terribles asesinatos, pero ante el psicólogo acabó confesándose autor de cincuenta y tres asesinatos. Durante su juicio en febrero de 1994 declaró: «Soy un error de la naturaleza, una bestia enfadada».

Su reinado de terror había durado diez años. Fue apodado el *Hannibal Lecter* soviético. Su historia inspiró la película *Ciudadano X*, protagonizada por Donald Sutherland y Stephen Rhea.

Charles Manson, la semilla del diablo

Entre todos los asesinos contemporáneos, sin duda destaca Charles Manson, uno de los más célebres, sádicos y carismáticos. Algunos psicólogos creen que no pertenece a la categoría de asesino en serie, sin embargo, no hay duda que tiene uno de los perfiles psicóticos más claros de la historia de la criminología moderna. Manson consiguió fundar una secta, *La Familia*, que le siguió ciegamente y compartió su visión sádica del mundo.

Manson nació el 12 de noviembre de 1934 en Cincinatti, Ohio (EE.UU.) Su madre era Kathleen Maddox, una joven de diecisiete años que ya había cometido suficientes errores para que su vida fuera un auténtico infierno. No se sabe a ciencia cierta quién fue su padre. Todo parece indicar que se trataba del capitán Gerald Scott, que nunca quiso reconocer la paternidad. La madre de Manson interpuso una denuncia que ganó, consiguiendo que el supuesto padre tuviera que pagar 5.000 dólares por la manutención del pequeño. Scott murió en 1954 y todavía entonces negaba ser el padre de la criatura. Según Manson su madre era «una prostituta alcohólica».

Cuando Charles contaba con cuatro años, su madre fue detenida junto con su tío por atracar una gasolinera. La condenaron a cinco años de prisión. Kathleen dejó a su hijo con sus tíos, una pareja de fanáticos religiosos. Parece que parte de su locura se gestó en aquella casa. Su tío tenía inclinaciones sádicas y llegó a vestir de niña a Charles para que acudiera a clase de esa guisa.

En 1942 la madre de Charles consiguió la libertad condicional y se volvió a hacer cargo de su hijo. Sin embargo, distaba mucho de ser una madre ejemplar. En aquella época era alcohólica y se traía a su casa clientes de ambos sexos. A veces abandonaba a Charles en la casa de algunos vecinos, prometiéndoles que en unas horas lo recogería. Podían transcurrir semanas antes de que volviera a aparecer. En 1947, consciente de que no podía ejercer el papel de madre, ingresó a Charles en un internado. A los diez meses éste se escapó y fue al domicilio de su madre. Ella le echó de casa.

A partir de entonces, con sólo trece años, Manson sobrevive en la calle a base de pequeños robos. Primero atracó una tienda de comestibles y eso le procuró el suficiente dinero para poder huir. En este período, Charles ingresa reiteradas veces en reformatorios. La primera vez que ingresó en un centro para adolescentes, se escapó. Al día siguiente fue arrestado de nuevo y enviado a una granja para varones. Pero sólo estuvo cuatro días, robó un coche y se fugó. Su objetivo era llegar a Illinois, donde tenía familia. Por el camino cometió nuevos robos, por lo que fue arrestado y enviado al correccional de Pringfield, Indiana, uno de los más duros de la época. Allí fue violado tanto por sus compañeros como por los celadores. Según explicó, un guardia incitaba a los internos a torturarlo y a violarlo mientras se deleitaba con la macabra escena.

En febrero de 1951 se escapó de la prisión junto a dos reclusos. Robaron unos coches y fueron detenidos en Utah. Esta vez fue condenado a una prisión de mínima seguridad. En la cárcel, obligó a un recluso a mantener relaciones sexuales con él mientras le amenazaba con una navaja de afeitar. Fue clasificado como preso peligroso y le llevaron a una cárcel de máxima seguridad donde protagonizó tres asaltos sexuales.

Fuera de la prisión, con diecinueve años, Manson se casa con una enfermera de diecisiete años llamada Jean

Willis. Es la primera vez que mantiene relaciones sexuales con una mujer. Como fruto de la unión, nace su primer hijo. Pero pronto la abandona. Al poco, se casa con una prostituta sólo con la intención de que no tenga que declarar en su contra (según la ley americana, un cónyuge no puede declarar en contra del otro). Ella se llama Candy Stevens, aunque todos la conocen como «la leona». Pese a ser un matrimonio de conveniencia, acaban teniendo un hijo juntos.

La vida matrimonial no le libra de volver a la prisión, pero en esta ocasión aprovecha para cultivarse. Lee libros religiosos sobre budismo e ingresa en la Iglesia de la Cinesiología. Escucha la canción de los Beatles *Helter Skelter* y la interpreta como una señal. Cree que aquella canción le está indicando que debe cometer asesinatos. De hecho, empieza a escribir un libro con el mismo nombre, que define toda su filosofía.

A partir de ese momento, cambia su actitud y se comporta como un preso modélico. Así consigue la libertad condicional. En esa época también le realizaron pruebas de coeficiente intelectual y descubrieron que tenía un 121, una cifra bastante alta, casi de genio.

El 21 de marzo de 1967 sale de la cárcel y se va a vivir al barrio más hippie de San Francisco, el Haigth-Asbury. Allí funda la secta llamada *La Familia*. Posteriormente Manson ha negado que fundara dicha secta. Según declaró, apodó al grupo *La Familia* para que se sintieran que formaban parte de un colectivo y obedecieran sus órdenes. Sin embargo, él nunca creyó que se tratara de una verdadera familia.

Fuera como fuese, muchos son los que le siguen. Su filosofía es bastante simplista. Está convencido de que el Apocalipsis está cercano. Por ello, él, que se autodenomina el Anticristo, tiene la misión de conseguir 144.000 adeptos. Una vez reclutados estos miembros, él los conducirá a un mundo fantástico que existe bajo Tierra y que él denominaba *Agartha*. El fin del mundo vendría porque lo negros conseguirían el poder y matarían a los blancos. Pero Manson estaba seguro que como eran descendientes directos de los monos, acabarían matándose. Entonces, él y sus seguidores saldrían de su escondite y volverían a establecer el dominio de la raza blanca sobre la Tierra. Sus ideas racistas consiguieron que algunos grupos neonazis simpatizaran con *La Familia*. También se cree que captó la atención de algunas sectas satánicas, aunque este punto no ha sido nunca realmente probado.

En 1968, en pleno verano del amor, con la «Era de Acuario» y toda la filosofía hippie flotando en el aire, Manson parece un visionario más del que no se debe temer nada. Pronto consigue adeptos que aseguran que es inmortal y que puede realizar milagros. Algunos especialistas creen que Manson conocía perfectamente la dosis de LSD que había de suministrar a sus adeptos y las fantasías que debía explicarles cuando estaban drogados.

A partir de ese momento, empiezan a ocurrir extraños crímenes que si bien han sido atribuidos a *La Familia*, nunca se han podido probar fehacientemente.

El 13 de octubre de 1968, Nancy Warren, que en aquellos momentos estaba embarazada, y su tía de sesenta y cuatro años fueron brutalmente golpeadas y estranguladas en California. *La Familia* casualmente estaba cerca de allí y los asesinatos tienen el sello de sus crímenes rituales.

El 13 de septiembre del mismo año, Marina Hate, que había tenido relación con algunos de los miembros de *La Familia*, fue raptada. En enero fue encontrada muerta con múltiples puñaladas en todo el cuerpo. Tenía tan sólo diecisiete años.

En mayo de 1969, un supuesto tío de Manson (por parte de padre), llamado Darwin Scott, fue golpeado hasta la muerte. Después lo apuñalaron de modo que el cadáver quedó fijado al suelo. Por esas fechas, el agente de libertad condicional que controlaba a Manson dijo que no supo nada de él durante unas semanas.

El 17 de julio de 1969, un adolescente de diecisiete años llamado Mark Wats, desaparece. Su cuerpo es encontrado con señales de violencia y tres disparos. Después, el cadáver fue atropellado reiterativamente por un coche. Mark también tenía relación con algunos de los miembros de *La Familia*.

El 8 de agosto se produce el asesinato que hace mundialmente famosa a la secta y a su líder. Charles Manson ordena a sus seguidores que vayan a la casa de Roman Polanski y asesinen a todos los que ahí se encuentran. Linda Kasabian, Susan Atkins, Patricia Krenwinkel y Charles Tex Watson cumplen las órdenes. En ese momento, el director de cine estaba ausente. Su esposa embarazada de ocho meses, Sharon Tate, estaba celebrando una reunión con unos amigos. En la casa se hallaban Jay Sebring, Abigail Anne Folges, Steven Earl Parent y **Voytek** Frycowsky. Todos fueron asesinados violentamente y sus **cuerpos** mutilados. Con la sangre escribieron en la pared.

No se sabe por qué Charles Manson eligió a aquéllas víctimas. Parece que al menos había estado en dos ocasiones en la casa del realizador. Polanski acababa de dirigir el film *La Semilla del Diablo* y algunas sectas satánicas le amenazaban. Algunos investigadores han insinuado que la posición en la que se encontraron los cuerpos se asemejaba mucho a la de una escena de la película. A la sazón, Sharon Tate estaba embarazada, como la protagonista. Sin embargo, no hay ninguna prueba fehaciente que el crimen tuviera reminiscencias satánicas.

La policía detuvo a Manson y a sus seguidores. En uno de los juicios más famosos de la historia, todos fueron condenados a cadena perpetua. En las pocas entrevistas que el asesino ha concedido, siempre ha dicho que no se arrepentía de nada de lo que había hecho.

Cuando ingresó en prisión, Lynette Fromme se hizo cargo de *La Familia* y siguió captando seguidores. En 1975 Fromme intentó matar al presidente Gerald Ford. No lo consiguió porque se le encasquilló la pistola. Fue detenida y condenada a cadena perpetua. En el juicio alegó que había recibido la orden de Manson, que se había comunicado con ella telepáticamente. En la actualidad, *La Familia* tiene relaciones con redes de tráfico de drogas, pornografía infantil, violaciones y se rumorea que practican sacrificios humanos.

Ted Bundy, el seductor

El 24 de noviembre de 1946 nació Theodore Crowell en una clínica estadounidense para madres solteras, en la que residía la autora de sus días. Poco después del nacimiento se trasladaron a casa de sus abuelos e hicieron ver que el niño era su hijo y que su madre era su hermana. De este modo, la familia consiguió librarse de la vergüenza de haber tenido un hijo de madre soltera.

Cuando Ted tenía cuatro años, su madre decidió dejar de vivir aquella mentira y se trasladó con el niño a Tacoma (Washington) para vivir con unos parientes. El niño nunca comprendió aquel cambio y nunca le perdonó a su madre que le alejara de su abuelo, al que respetaba y quería muchísimo.

Al poco, ella se casó y el niño adoptó el apellido de su padrastro, un cocinero del ejército llamado Johnie Culpepper Bundy. Ted nunca se llevó bien con la nueva figura paterna, pero el matrimonio era feliz y tuvieron cuatro niños. Ted solía encargarse de cuidarlos al salir de la escuela.

El futuro asesino era un estudiante ejemplar, obtenía altas calificaciones en todas las materias y consiguió una beca para estudiar chino. Nada hacía prever que su nombre sería famoso en el mundo de la criminología.

En esa época Ted tuvo su primer amor: Stephanie Brooks, una millonaria a la que conoció en una pista de esquí. Se enamoraron y vivieron un romántico idilio. Iban a cenar juntos, hacían escapadas de fin de semana, paseaban por la montaña... Pero ella no veía futuro a aquella relación. Se ha especulado que seguramente, dada su buena posición, buscaba a alguien con más proyección. Fuera por la causa que fuese, lo cierto es que ella rompió su compromiso. Ted nunca pudo aceptarlo. Stephanie le seguía escribiendo largas cartas, pero no estaba dispuesta a reanudar la relación. Los expertos dicen que aquella negativa sacó a flote la psicopatía que padecía Ted Bundy.

En 1969, Ted descubre que le han engañado durante toda su vida. Su hermana es su madre y aquellos a los que él consideraba sus padres son en verdad sus abuelos. A partir de ese momento, su carácter cambia. Deja de ser el chico tímido para dar rienda suelta a sus accesos de ira.

Harto de las relaciones personales, se concentró en sus estudios de psicología. Consiguió el afecto de los profesores y las mejores calificaciones de su promoción. En aquella época, conoció a Meg Anders, una secretaria divorciada que vio en Ted el perfecto padre para el hijo que tenía. Su relación duró cinco años, pero él nunca pudo quitarse de la cabeza a Stephanie. De hecho, ella fue la única mujer a la que amó verdaderamente.

A partir de entonces, y hasta 1972, Ted intenta encontrar su lugar en el panorama laboral. Trabajó en un colegio de abogados y en la campaña de un senador republicano, así como en una clínica.

En 1973, durante un viaje de negocios a California, vuelve a encontrarse con Stephanie. Ella aprecia el cambio que ha hecho y el prometedor futuro que ahora tiene. Vuelven juntos. Pasan un invierno de amor y pasión y después, sin ninguna razón aparente, Bundy se vuelve frío y despectivo con ella. En febrero de 1974, la abandona sin darle ninguna explicación. Había culminado su venganza.

Durante todos estos años, sus estudios brillantes y sus trabajos prometedores sólo tenían un objetivo: deslumbrar a Stephanie para después poderse vengar de su rechazo.

Sin embargo, mientras preparaba su maquiavélico plan, sus ansias asesinas ya habían estallado. El 6 de diciembre de 1973, cuando aún estaba con Stephanie, se encontró el cuerpo de una chica de quince años que había hecho autostop. Le había cortado la garganta y la había sodomizado.

El 4 de enero de 1974 se descubrió a Joni Lenz, a la que le introdujo la barra de la cama en la vagina. Pese a la gravedad de las heridas, sobrevivió. Fue la única víctima que no pereció a manos del letal asesino. El 31 de enero puso fin a la vida de Lynda Healy, sin embargo, su cuerpo nunca se encontró.

Durante aquel trágico verano desaparecieron siete estudiantes de Utah, Oregon y Washington. No se trataba de una casualidad. Había un patrón de comportamiento. Todas las chicas eran jóvenes, blancas y con una melena negra. En agosto de aquel año, en el lago Sammanish (Washington) la policía encontró cinco huesos de pierna, dos cráneos y el hueso de una quijada. Tras muchas pruebas consiguieron identificar los restos: pertenecían a Janice Ott y Denise Naslund, que habían desaparecido el 14 de julio.

Los vecinos explicaron que vieron a Janice ayudando a un hombre que tenía el brazo enyesado y que no podía cargar algunas cosas en su bote. A Denise también la vieron poniendo algunos trastos en la embarcación de un atractivo joven.

En la universidad, donde habían sido vistas por última vez, se explicaban historias semejantes. Se decía que la última persona con la que vieron a las chicas era un caballero con una extraña prótesis en la pierna o en el brazo al que se le habían caído todos los libros. Otros explicaban que la última imagen que conservaban de las víctimas era la de ellas ayudando a un tipo que se había quedado sin gasolina en el coche.

El 18 de octubre de 1974 una joven de diecisiete años aparece estrangulada, violada y sodomizada. Era la hija de un policía de Utah.

Los delitos del asesino son famosos en la prensa y toda la población tiene miedo de que sus hijas salgan a la calle. La policía empieza a confeccionar un retrato robot del asesino basándose en los relatos de los testigos. El dibujo es publicado en los diarios. Un amigo de Meg Sander lo reconoce como Ted Bundy y se lo comenta a ella. Sin embargo, Meg no puede creer que el que fuera su novio se haya convertido en un asesino en serie. A finales de 1974 le comunica a la policía sus sospechas. Sin embargo, los agentes dieron poca importancia a su testimonio y lo archivaron hasta años después. Ted Bundy era un hombre respetable y pensaron que era mejor concentrarse en otros candidatos que por su baja clase social parecían tener más posibilidades de ser los autores de los crímenes.

El 8 de noviembre de 1974, Bundy cometió un error. Se presentó a Carol DaRoch, de dieciocho años, como el oficial Roseland. Le dijo que había descubierto a alguien tratando de robar su coche y le pidió que le acompañara para comprobar que no le habían sustraído nada. Ella le aseguró que estaba intacto, pero él insistió en que debía llevarla a la comisaría para que hiciera una declaración. Carol subió al coche y vio que éste iba en dirección contraria. Le pidió la identificación al supuesto agente y éste le enseñó una tarjeta de crédito. De repente, detuvo el coche e intentó esposarla. Ella se revolvió y acabó propinándole una patada en los genitales. Así consiguió salir del coche y empezó a gritar sin parar hasta que una pareja en un automóvil acudió en su ayuda.

Explicó este relato a la policía y los agentes se dirigieron a la zona sin encontrar ninguna prueba.

Ted Bundy había fallado, pero sus ansias asesinas necesitaban otra víctima. Intentó el truco de siempre con Jean Graham, pidiéndole que le ayudara a identificar su coche. Ella tenía prisa y se negó a ayudarlo.

El método empieza a fallar y Bundy busca un nuevo tipo de víctima. El 12 de enero, Cary Campbell, junto a su esposo y sus dos hijos, pasaban unos días de vacaciones en un hotel. El marido y los niños la esperaban en el vestíbulo del mismo, pero ella nunca acudió. Al cabo de un mes, unos trabajadores encontraron su cuerpo en una montaña. La policía empezó a registrar toda la zona y apareció el cadáver de Susan Rancourt, una joven que había desaparecido el verano anterior. Siguieron investigando la zona y encontraron el cuerpo de Linda Healy, la primera desaparecida.

Los cadáveres aparecían, pero no había ni rastro del asesino. Y éste seguía matando. En Colorado se hallaron cinco cuerpos que habían sido, como los anteriores, golpeados con una barra de hierro y salvajemente mutilados.

La noche del 16 de agosto de 1975, la policía, haciendo una comprobación rutinaria, encontró a Bundy en su coche. En vez de parar, aceleró, por lo que lo persiguieron hasta detenerlo. En el automóvil encontraron una barra de hierro, una máscara de esquí, una cuerda y un alambre. Pensaron, en un principio, que Bundy era un atracador, por lo que lo detuvieron.

Sin embargo, después comprobaron que la descripción de su vehículo coincidía con la que había hecho Carol DaRoch. El 2 de octubre se organizó una rueda policial para que identificara al supuesto asesino. A ella también acudieron Jean Graham y un amigo de Debby Kent que la había visto por última vez acompañada de un hombre.

Los tres coincidieron: aquel hombre era sin lugar a dudas el atacante y por ende el asesino en serie que había mantenido en vilo a la ciudad y en jaque a la policía.

Bundy seguía negando sus crímenes y aseguraba que todo aquello era una terrible confusión. Además, había estudiado Derecho y se defendía con gran soltura de todas las acusaciones. Por suerte un odontólogo forense aportó la prueba definitiva: sus dientes coincidían con los bocados que daba a sus víctimas. Fue condenado a muerte por catorce homicidios en primer grado.

Bundy dijo haber asesinado a veinte mujeres aunque se le acusó de catorce. Las víctimas eran parecidas a su antigua novia, pero Bundy aseguró que cuando las mataba liberaba la rabia que sentía hacia su madre.

Las pruebas psiquiátricas concluyeron que era esquizofrénico. El 24 de enero de 1989 Bundy fue ejecutado en la silla eléctrica.

Luis Alfredo Garavito, *la bestia*

Este nombre es sinónimo de terror en Colombia. Y en casi todo el mundo. Fue uno de los asesinos en serie más letales que se recuerdan y su persecución y apresamiento fue una de las labores más difíciles a las que ha tenido que enfrentarse la policía colombiana.

El 25 de enero de 1957, en Génova, Quindio (Colombia), vio la luz por primera vez Garavito. Era el mayor de siete hermanos que vivían bajo el dominio de un padre brutal que los golpeaba sin ninguna razón. Según explicó el propio acusado cuando fue detenido, en su infancia fue violado por algunos vecinos.

Todo ello hizo que, tras la enésima pelea con su padre, se escapara de casa. Tenía dieciséis años y no podía seguir aguantando las torturas a las que le sometía su progenitor.

Un chico de dieciséis años cargado de rabia poco puede hacer por labrarse un porvenir. Garavito trabajó en varios supermercados pero siempre le echaban por montar trifulcas con los clientes. Se drogaba y bebía y a los ventiún años ya había pasado por Alcohólicos Anónimos. Se sabe que por esa época, durante un período de cinco años, recibió tratamiento psiquiátrico. Sin embargo, nada parecía servirle de gran ayuda. Intentó suicidarse sin conseguirlo en repetidas ocasiones. En ese proceso, algo en su cerebro hizo «clic» y salió el monstruo que escondía dentro.

Garavito trabajaba de vendedor ambulante por varias provincias de su país. Ese trabajo le permitió conocer a sus víctimas.

Se cree que, entre 1992 y 1998, Garavito mató un número indefinido de niños que oscila entre los 142 y los 172. Escogía a sus víctimas sobre todo entre los niños abandonados, que no tenían nadie que les reclamara. Todos eran pobres, pequeños, delgados, morenos y con los ojos oscuros. Solían ser guapos y normalmente no llegaban a los doce años (aunque hubo uno de dieciséis).

Garavito experimentaba un enfermizo placer engañándolos. Le encantaba disfrazarse de monje, de vagabundo, de discapacitado, de visitador de colegios. Entonces se ganaba la confianza de los pequeños, les ofrecía dinero o dulces, les invitaba a caminar y cuando llegaban a algún lugar deshabitado, les atacaba sin piedad. En pocas ocasiones actuaba con violencia a la primera de cambio. Le gustaba alargar la espera, el momento de quitarse la máscara y mostrar al monstruo que albergaba.

Al principio les daba una puñalada en el corazón y en algunas ocasiones llegaba a arrancárselo. Sin embargo, con el tiempo descubrió que podía alargar el tiempo de la tortura si dirigía su puñal hacia órganos no vitales. Sus víctimas siempre aparecían atadas. Solía cortarles el pene y lo colocaba en la boca del muerto. También le gustaba decapitarlos o dejar la cabeza colgando, con sólo un hilo de carne que la unía al cuerpo.

Enterraba los cuerpos en lugares despoblados. Eso fue un problema para la investigación y sigue siéndolo hoy en día, porque pese a los esfuerzos de la policía colombiana hay huesos que con el paso del tiempo no puede saberse a quién pertenecieron. Por eso aún hoy en día se desconoce la lista de infortunados que perecieron en sus manos.

Los cadáveres aparecían meses e incluso años después de haber sido asesinados y la policía no sabía en qué dirección apuntar. Se barajaron todo tipo de teorías. Podía tratarse de una secta satánica. Las mutilaciones dieron pábulo a pensar que quizá se enfrentaban a una red de tráfico de órganos. Otra de las posibilidades que se barajó es que fuera una mafia de pedófilos, puesto que las víctimas siempre eran niños.

La gravedad de los crímenes hizo que se creara una Comisión Especial de Investigadores de la Fiscalía General de la Nación. Todos los dispositivos humanos y materiales con los que contaba el país se pusieron a su servicio para dar caza al peligroso criminal que seguía matando. Los niños desaparecían y los cuerpos de antiguos asesinatos aparecían por todo el país.

Garavito actuó en once provincias de Colombia y se cree que también hizo alguna incursión en Ecuador, aunque este punto está por comprobar. La Comisión elaboró un álbum con veinticinco sospechosos que podían ser los autores de los crímenes. Pero era difícil dar con ellos. Sin embargo, la policía realizó un loable trabajo, cotejando datos de las diferentes áreas del país y consiguiendo abundante información sobre todos los crímenes y la metodología empleada por el asesino.

El 22 de abril de 1999, el matarife cometió un error. Sacó un cuchillo y amenazó a John Iván Sabogal, de doce años. El niño vendía lotería y se acercó a él fingiendo ser un cliente. Cuando estuvo lo suficientemente cerca, le amenazó. Éste no era el método habitual y tal vez por ello no supo desenvolverse con soltura. Normalmente, como ya se ha explicado, le encantaba seducir a los pequeños con sus embustes. El niño temblaba de miedo cuando el agresor le obligó a entrar en un taxi. Le pidió al conductor que aparcara en un terreno deshabitado. Llevaban dos horas juntos y Sabogal vio la muerte cercana. Garavito intentó violarlo y el vendedor de lotería gritó tan fuerte, que despertó de su letargo al chatarrero que fumaba marihuana estirado en un lugar cerca de allí. El hombre le exigió, gritando, que dejara en paz al pobre niño. Entonces, el asesino, le cortó la cuerda que le impedía caminar y, amenazándole con el cuchillo, le ordenó que caminara hacia delante. El niño no obedeció. Empezó a correr como un loco hasta que llegó al lugar en el que se encontraba el chatarrero. Éste, al ver que Garavito seguía al pequeño, empezó a tirarle piedras. Pero no se detenía y avanzaba hacia ellos. Así que ambos empezaron a correr como locos unos 600 metros. En una casa encontraron a una niña de doce años y le dijeron que corriera con ellos. El chatarrero fue en una dirección y los dos niños en otra. Llegaron a una casa y el niño se escondió. El asesino llegó al poco y le preguntó a la pequeña cómo salir de allí. Ella le señaló, con el corazón a punto de saltarle del pecho, la forma de escapar.

Rápidamente le comunicaron a la policía lo ocurrido. La madre del niño y éste fueron acompañados por la policía en un coche patrulla. Todo el mundo en el pueblo pensó que se había marchado, pero volvieron por otro camino y dieron vueltas hasta que el niño identificó a su atacante. De este modo, la policía pudo apresar a uno de los hombres más temidos de Colombia.

No fue una sorpresa para los investigadores. De hecho, llevaban tiempo tras la pista de Garavito. Tenía una acusación pendiente en Armenia (Colombia) por haber atacado a un niño. La policía había hablado con los familiares y con una compañera sentimental de Garavito. Había recopilado mucha información sobre él, como un montón de facturas de transportes que demostraban todos los movimientos que había efectuado en los últimos tiempos. Sus desplazamientos coincidían con las trágicas muertes que habían asolado al país.

Pero encontrar a un vendedor ambulante en un espacio tan grande no era tarea fácil. Gracias a la huida del vendedor de lotería se pudo capturar al criminal.

Los psicólogos estudiaron atentamente el caso del asesino en serie colombiano. Concluyeron que, extrañamente, tenía remordimientos por sus actos. Esto no suele ocurrir con los psicópatas, por lo que se llegó a la conclusión que, además, debía ser psicótico. Aseguró que la mayoría de los crímenes los cometía ebrio, cuando su personalidad esquizofrénica salía a flote.

Tenía delirios de convertirse en un asesino de masas o, al menos, de cambiar de víctimas. Según él mismo declaró:

«Llegó un momento en el que me aburrí de asesinar niños, por lo fácil que era seducirlos y llevarlos hasta un lugar boscoso donde los mataba. Me estaba preparando para hacerlo con adultos... yo quería secuestrar a un montón de personas para matarlas ante los periodistas, así me matarían a mí después...»

La ley de Colombia no permite acumular penas, por lo que se cumple la misma sentencia por matar a un niño que por matar a cien. Si «la Bestia» (éste es el apodo que le pusieron los medios de comunicación) consigue reducciones de pena podría salir a la calle a la edad de sesenta y ocho o setenta años.

Francisco García Escalero, el matamendigos

La criminología española tenía escasa experiencia en el tema de los asesinos en serie. En principio, la policía no relacionó la muerte de los diferentes mendigos. No pensó que el autor pudiera ser el mismo. Sin embargo, todas llevaban un sello inconfundible que era la firma de su autor.

Escalero nació el 24 de mayo de 1954 en la capital de España y vivió con su hermano mayor en las chabolas de Madrid. Era un niño extraño que se divertía paseando por el cercano cementerio de la Almudena. Su padre le maltrataba y el niño tenía tendencias suicidas. En varias ocasiones intentó tirarse a la carretera, pero ningún coche llegó a arrollarle.

Para ganarse la vida cometía pequeños hurtos. Pero su vicio secreto era espiar a las parejas y masturbarse a escondidas. También le encantaba entrar en casas deshabitadas y quedarse allí durante un largo rato. A los dieciséis años ya había visitado diferentes centros psiquiátricos.

En 1973 roba una motocicleta y es internado en un reformatorio. Al salir del mismo, con ventiún años de edad, comete su primer crimen grave. Junto a unos amigos, violan a una chica delante de su novio. Es detenido y condenado a doce años de cárcel. Esos años le desconectaron totalmente del mundo. No tiene habilidades sociales, por lo que nunca hablaba con otros presos. Caminaba solo por los pasillos o buscaba pájaros y animales muertos para que le hicieran compañía. En prisión se hace muchos tatuajes, como uno que pone: «Naciste para sufrir».

Cuando abandona la cárcel, no tiene más remedio que mendigar. No tiene amigos, ha perdido el contacto con su familia y no tiene ninguna profesión.

Deambulaba por las cercanías de la parroquia de Nuestra Señora de Fátima con su cóctel preferido: una botella de alcohol y pastillas. Cuando lo ingería se volvía violento y, según declaró posteriormente, oía voces que le ordenaban realizar esos crímenes.

Uno de esos días, Paula Martínez, una prostituta toxicómana, tuvo la mala suerte de encontrárselo en la calle Capitán Haya. Corría el caluroso agosto de 1987 y las voces impelían a Escalero. Las obedeció. Decapitó y quemó a la víctima.

Las voces interiores del asesino guardan silencio durante ocho meses, pero luego vuelven con bríos renovados. Esta vez el desafortunado es otro mendigo, que había pasado muchas horas con Escalero. Sigue la misma metodología que inició con su primer crimen: después de machacarle la cabeza a pedradas, calcina el cadáver.

Después de esta muerte, cometió otras nueve. Con la práctica se vuelve más sanguinario. Les apuñala reiterativamente en la espalda, machaca sus cabezas con piedras o les decapita, les corta las yemas de los dedos, les saca las vísceras o el corazón e incluso llega a probar la carne humana. Para eliminar cualquier huella, tras la orgía sanguinaria, quema los cadáveres.

Cuando no asesina, se dedica a actividades necrófilas. Profana tumbas y abusa sexualmente de los cuerpos sin vida. En abril y en noviembre de 1986 hubo diferentes casos de profanaciones de cementerios cometidos por Escalero.

En marzo de 1989, un mendigo llamado Ángel se sumó a la cruel lista. Le cercenó las yemas de los dedos y le amputó parte de la cabeza. En mayo del mismo año, un indigente de sesenta y cinco años es hallado con el cuerpo apuñalado y el pene amputado. También ha sido quemado.

La policía no encuentra relación entre los crímenes. La prensa, cuando informa de ellos, los achaca a una vandálica banda de neonazis. No hay familias que reclamen una investigación y la policía carece de pistas.

Durante siete años Escalero puede cometer sus fechorías sin temer el peso de la ley. Nadie sospecha que se pueda tratar de un asesino en serie.

El mendigo asesino es conducido a un psiquiátrico. No quiere quedarse en aquel lugar y se fuga con su compañero Víctor Luis Criado. Durante dos días no paran de beber. Escalero vuelve a oír las voces y mata a su amigo. Le revienta la cabeza y quema su cadáver.

El asesino sabe que aquello no va a acabar nunca. Y las voces interiores le piden que se suicide. Como cuando era pequeño, se tira debajo de un coche. Y al igual que en su infancia, no consigue su propósito: sólo se fractura una pierna.

De camino al hospital confiesa los asesinatos e implora que le permitan seguir matando.

A la policía le explica: «Compré bastante vino y él también bebió. Recuerdo que le di con una piedra en la cabeza y... luego lo quemé».

Relata con frialdad y detallismo los crímenes cometidos. Explica el placer que siente al mantener relaciones sexuales con un cadáver y también al cometer un asesinato.

El juicio tuvo lugar en febrero de 1995. Según los criminólogos, seguía siendo un sujeto peligroso, pero no era responsable de sus propios actos. El alcoholismo y la esquizofrenia eran los responsables de su brutalidad. Durante su reclusión, los médicos aseguran que no ha vuelto a mostrar ninguna conducta agresiva.

Manuel Delgado Villegas, *el Arropiero*

Nació en 1943 y su venida al mundo coincidió con la muerte de su madre, que murió durante el parto. En plena posguerra, su padre subsistía vendiendo helados. Le llamaban *el Arropiero* por el arrope, que es un líquido oscuro y dulce elaborado con higos. Ese es el mote que le dejó a su hijo. Eso y poco más, porque se fue a vivir a Andalucía y encomendó la educación del pequeño a su abuela.

A partir de ese momento, empezó un lastimero periplo de casa de un pariente a otro. Todos tenían algo en común: le propinaban brutales palizas. Fue a la escuela, pero nunca aprendió a leer o a escribir. Ya a los doce o trece años estaba más interesado en el sexo que en los estudios. Era bisexual y tanto homosexuales como prostitutas le daban dinero. La causa de su éxito residía en una enfermedad: no podía eyacular, por lo que podía alargar hasta lo indecible el placer de sus parejas.

Con dieciocho años poco tenía que hacer, sin estudios y con pocos ingresos. Así que se enroló en la Legión. Sin embargo, pasó poco tiempo. Primero se hizo adicto al hachís, después se apuntó a una cura de desintoxicación y por último empezó a padecer ataques epilépticos. Nunca se llegó a saber si eran fingidos o no. Lo cierto es que aquello le sirvió para librarse del Servicio Militar que en aquel entonces era obligatorio en España.

Libre de esa carga, malvive por las regiones costeras. Tanto roba casas abandonadas como chulea a prostitutas o directamente pide limosna. Si era detenido, nunca ingresaba en prisión. Sus ataques de epilepsia le llevaban a un psiquiátrico del que al poco volvía a salir.

Comete su primer crimen con veinte años, en 1964. Tal y como le explicó a la policía: «Vi a un hombre dormido, apoyado en un muro. Me acerqué a él muy despacio y, con una gruesa piedra que cogí cerca del muro, le di en la cabeza. Cuando vi que estaba muerto, le robé la cartera y el reloj que llevaba en la muñeca. ¡No tenía casi nada y el reloj era malo!»

La víctima era un cocinero que había viajado de Barcelona al pueblo del Garraf. Cansado, se recostó a echar una siesta de la que nunca más despertó.

Sus ansias asesinas se contuvieron durante tres años. Esta vez el escenario fue una casa de campo en Ibiza. Una joven francesa y un norteamericano ingirieron LSD. El chico intentó tener relaciones sexuales, pero ella se negó. Discutieron y él se marchó. *El Arropiero* le vio salir y aprovechó para entrar en la casa. La joven francesa, que aquel mismo día cumplía veintiún años, estaba dormida cuando fue asesinada.

En un viaje a Madrid mató de un golpe de kárate a otro hombre. Su excusa fue que le vio con una niña a la que quería violar. Su cuerpo fue encontrado en el río Tajuña, desnudo.

El siguiente de la macabra lista fue un empresario catalán que era cliente suyo. Solían quedar en una tienda de muebles de su propiedad y siempre le pagaba 3.000 pesetas por sus favores. Aquel día *el Arropiero* le dijo que tenía un problema y que necesitaba 1.000 pesetas más. El rico le dijo que no había problema, que se las daría al acabar. Pero cuando finalizó el servicio sólo recibió las 3.000 de siempre. Aquello desató la ira del asesino. Le dio un golpe de kárate en el cuello y, cuando cayó al suelo, aprovechó para robarle la cartera. En ese momento se despertó y empezó a gritarle. Así que cogió una silla y le golpeó la cabeza. Después le estranguló y le partió el cuello.

A finales de 1969 cometió uno de sus asesinatos más horrendos. La desafortunada víctima era una señora de sesenta y ocho años a la que golpeó. Después la tiró de una altura de diez metros y fue en busca de su cadáver. Se llevó el cuerpo a un túnel donde tuvo relaciones sexuales. Durante tres días siguió manteniendo esta macabra relación necrófila con su víctima.

En septiembre de 1970 se muda a Santa María, donde vive su padre, para ayudarle con el carrito de helados. Allí mata a un homosexual con el que tuvo relaciones. Lo llevó en moto a las cercanías de un lago y le acarició. Eso puso nervioso al asesino, que le dio un golpe en el cuello. Le rompió las gafas y le dejó sin respiración, por lo que el chico pidió que fueran al lago, para que le diera el aire fresco. Una vez allí, volvió a tocarlo y esta vez la propinó un golpe mortal.

En esa época se echó novia. Era una chica subnormal, que en el pueblo era conocida por su afición a los hombres. El asesino se la presentó a su padre y a sus conocidos como su novia. Él mismo declaró lo que le llevó a matarla en el momento de su detención:

«Salimos a dar un paseo y por una vereda fuimos al campo de Galvecito. Hacíamos el amor siempre en él, sin que nadie nos viera. Lo hicimos, como siempre, de muchas formas, pero me pidió una cosa que me daba asco. Cuando me negué a ello, me insultó y me dijo que no era hombre, pues otros se lo habían hecho. Entonces le pegué un golpe y como no se callaba y me seguía insultando, le puse al cuello los leotardos que se había quitado y le apreté el cuello hasta que murió. Volví a estar con ella el lunes, el martes y el miércoles y hubiera vuelto hoy si no me cogéis. ¡Estaba tan guapa! ¡La quería tanto! ¿No era mi novia? ¿Entonces no podía hacer el amor con ella lo mismo que antes?»

A partir de aquí, empezó a confesar todos sus antiguos delitos. Se le atribuyeron cuarenta y ocho asesinatos cometidos en Francia, Italia y España. Sin embargo, España seguía siendo una dictadura con poco contacto con sus países vecinos, que no habían reconocido el régimen de Franco. Eso dificultaba las relaciones con la policía de los otros países. También existían escasas pruebas de los delitos, pues las víctimas solían estar solas y no había testigos. Por ello, sólo se le pudieron probar ocho crímenes.

Sin embargo, él mantenía que había cometido crímenes por estos países europeos. Explicó que en Roma mató a la propietaria de la casa en la que vivía porque quería tener relaciones con él y era demasiado gorda para que la pudiera abrazar.

En París fue él quien se enamoró. El agraciado fue un chico que pertenecía a una banda de atracadores. Los compañeros de su amigo no quisieron admitirlo, así que los acribilló con una metralleta. En la ciudad de las luces también estranguló lentamente a una chica.

En la costa azul fue la perdición de sus clientes. Una mujer de cuarenta años le hizo enfadar por que le pidió que se quedara a dormir. Días después, un hombre lo invitó a cenar y luego quiso tener relaciones sexuales. A él no le apetecía y lo asesinó. En ambos casos les robó todo lo que tenían.

Algunos datos que aportó sobre estos asesinatos coinciden con la información de la Interpol, sin embargo, no se le imputaron en su momento.

Fue encerrado en el psiquiátrico de Carabanchel. Allí le practicaron numerosas pruebas y concluyeron que tiene el cromosoma XYY, llamado de Lambroso o de la criminalidad. Ese cromosoma le convierte en un asesino nato. No experimenta ninguna alteración cuando asesina o cuando comenta los crímenes que cometió. Una vez en el centro, cambió de actitud y dejó de ser agresivo. Durante dos décadas fue un interno ejemplar. Con el tiempo, olvidó sus crímenes. Llegó a decir que todo era una gran confusión y que él era incapaz de matar a nadie. Cuando se cerró el centro de Carabanchel fue trasladado a Alicante. Con la transición y la entrada del nuevo código penal, salió a la calle. Murió de causas naturales poco después.

ÍNDICE